JN412115

내가 걸어온 길

32Km 지점

혼자라고 생각했던 모든 길이 함께 걸어온 길이었습니다

| 들어가는 말 |

백승수

이 책을 쓰기까지 60년이란 시간이 걸렸습니다.
지금 뒤돌아보니, 그 모든 것이 제가 걸어야 할 길이었습니다.
캄캄해 보였던 그 길도, 힘들고 외로웠던 그 순간들도,
모두 저의 길이었습니다.

61세가 되어 돌아보니 참으로 많은 일이 있었습니다.

그 모든 순간마다 수많은 사람들이 있었고, 수많은 만남이 있었습니다.
그리고 이제야 깨닫습니다. 혼자라고 생각했던 모든 순간, 사실은 함께였다는 것을.

지금 뒤돌아보니 감사할 일이 참으로 많습니다.
제가 힘들어 혼자 아내를 보내고 있을 때, 그 먼 길을 마다하지 않고
어린 아이들을 돌보아 주시며 그 외로워했던 시절,
"아들 잘 돼라, 손주 잘 돼라" 한마음으로 지켜주신 나의 어머니.
금덩어리라며 손주들을 온 마음으로 품어주신 나의 어머니께,
지금 하늘나라에 계신 어머니께 가장 먼저 감사하다는 말씀을 전합니다.

지금은 하늘나라에 있는 아내에게도 깊은 감사를 전합니다.
함께했던 그 시간들이 지금의 저를 만들었습니다.

아내를 보내고 새로운 피앙세님을 만난 것은 하나님이 전해주신 만남이었습니다. 5년이라는 똑같은 사별의 아픔을 겪은 우리가 처음 만났을 때,

"저도 5년 전에 남편을 하늘나라에 보내드렸어요"라던 그 한마디가 얼마나 큰 위로가 되었는지 모릅니다. 같은 아픔을 겪은 사람만이 알 수 있는 그 깊은 슬픔을, 우리는 서로를 알아 볼 수 있었습니다.

함께 다시 웃고 삶을 나누고, 슬퍼하며 기뻐하며 여기까지 왔습니다. 때로는 따끔한 충고로, 때로는 따뜻한 위로로 제 곁을 지켜주었습니다.
"빚으로 산 아파트를 처분하지 않으면 헤어지자"던 그 단호한 말씀이 저를 7억의 손실에서 구해내기도 했습니다.
사랑하는 사람의 진심 어린 온기가 때로는 인생을 바꾸는 전환점이 된다는 것을 배웠습니다.
피앙세님이 없었다면 이 책은 세상에 나올 수 없었습니다.

이 책이 나오기까지 많은 분들의 도움이 있었습니다.
귀한 추천사를 남겨주신 황현호 원장님, 오현선 목사님, 이요섭 소장님께 깊이 감사드립니다. 경기서부 통일의병 여러분, 유니시드 가족, 기청의 선생님, 율목 CBMC 회원님, 빛과생명교회 성도님, 평화재단 동문님, 전코아 6기 위원님, 코칭협회 합창단원님, C&G 교회 엄해용 목사님, 함께 책모임을 해온 모든 분들께도 진심으로 감사드립니다.

여러분 한 분 한 분이 제 삶의 소중한 동행자였습니다. 여러분의 격려와 응원이 있었기에 이 책을 완성할 수 있었습니다.

저는 단 한 번도 혼자가 아니었습니다.
이 책은 저와 함께 걸어주신 모든 분들의 이야기이며, 지금 외롭고 힘든 시간을 보내고 계신 분들을 위한 이야기입니다.

서울역 환풍구 옆에서 얼어 죽을 뻔했을 때도, 정신병원 침대에서 울부짖었을 때도, 저는 혼자라고 생각했습니다.

하지만 돌아보니, 혼자였던 순간은 단 한 번도 없었습니다.
또 그 곁에는 항상 하나님이 함께하셨습니다.

2026년 1월 겨울 관악산 아래에서 백승수

| 추천글 |

황현호 국제코치훈련원 원장

고통을 진주로 빚어낸 한 사람, 그의 삶 자체가 가장 위대한 코칭입니다

국제코치훈련원 원장으로서 수많은 코치들을 만나왔지만, 백승수 코치님은 제게 아주 특별한 기억으로 남아 있는 분입니다. 우리 국제훈련원의 '전문코치 아카데미' 6기 회장으로 2년이라는 긴 시간 동안 동료들을 섬겨주셨던 분이기 때문입니다. 2년 동안 보여준 그의 '임파워 리더십(Empower Leadership)'은 놀라웠습니다. 특유의 유머러스함과 추진력으로 동료들의 마음을 하나로 모으고, 학습의 현장을 뜨거운 열정의 장으로 변화시키는 그의 모습을 보며 저는 늘 감탄하곤 했습니다.

이 책 『32km 지점을 넘어서』를 읽으며, 저는 그가 보여주었던 그 탁월한 리더십과 깊은 내공이 어디서 비롯되었는지 비로소 알게 되었습니다. 15살 서울역에서의 추위와 배고픔, 사랑하는 아내와의 사별, 죽음의 문턱까지 갔던 육체적 고통, 그리고 믿었던 성공 뒤에 찾아온 7억 원의 실패까지. 그는 인생의 마라톤에서 누구나 포기하고 싶어지는 '마의 32km 지점'을 수도 없이 마주했습니다. 하지만 그는 주저앉는 대신, 그 고통의 모래알을 품어 영롱한 '진주'로 만들어냈습니다.

이 책은 단순한 자서전이 아닙니다. 벼랑 끝에서도 "밥은 먹었냐"고 묻던 따뜻한 밥 한 끼의 기억으로, 아프리카 룸부아의 아이들과 나누는 눈빛으로, 그리고 북한 이탈 주민들과 함께 빚은 도시락으로 다시 일어선 한 인간의 치열한 '부활'의 기록입니다. 쉰다섯의 나이에 유튜브를 보며 밤새 요리를 익혀 식당을 살려내고, 예순이 넘어 코칭이라는 새로운 스타트 라인에 선 그의 모습은 "인생은 지금부터"라는 말이 결코 상투적인 구호가 아님을 증명합니다.

저는 이 책을 동료 코치들에게 가장 먼저 일독을 권합니다. 사람의 아픔에 공감하고 그 안에 숨겨진 가능성을 발견해야 하는 코치들에게, 저자의 삶은 그 자체로 살아있는 교과서이기 때문입니다. 또한, 예기치 않은 시련으로 삶의 32km 지점에서 멈춰 서 있는 분들, 늦었다고 생각하며 새로운 도전을 망설이는 중장년층에게 이 책을 강력히 추천합니다.
"당신은 혼자가 아닙니다. 당신 안에는 빛나는 진주가 있습니다"라고 말하는 저자의 따뜻한 목소리가, 지금 이 글을 읽는 당신의 가슴에도 꺼지지 않는 불씨를 지펴줄 것이라 확신합니다.

2026. 01. 05. 황현호 드림

| 추천서 |

오현선 목사님 (백승수 선생님의 친구)

우리는 서로 이어져있다. 소년을 안아주세요
지금 힘든 당신도 위로 받으세요

제가 백승수 선생님을 처음 만난 것은 2014년 세월호 참사 피해자 가운데 당시 미수습자가 수습되어 돌아오기를 바라는 도보순례 당시였습니다. 묵묵하게 고요히 함께 한 선생님의 모습을 지금도 뚜렷하게 기억하고 있습니다.

그 이후에도 계속 선생님을 가까이에서 만나게 될 일이 있었고, 세월이 흐르며 우정과 신뢰도 익어가고 있습니다. 그래서였을까요. 당신의 삶을 글로 쓰신다는 말씀에 반가운 마음으로 책을 기다리고 있었습니다.

추천글을 부탁하며 먼저 보내신 글을 앉은 채로 그 자리에서 주욱 읽었습니다. 글에 담긴 이 분의 삶이 너무나 역동적이어서 '다음은, 다음은... ' 하며 순식간에 읽어내렸습니다.

읽은 후에 '백 선생님이 그리 맑고 깊은 눈을 가지신 데는 이유가 있었구나...' 라는 생각을 가장 먼저 했습니다.

열다섯 어린 나이에 집을 떠나 자기 삶을 살아내느라 얼마나 많은 눈물을 흘렸을까요. 삶의 매 순간마다 흘린 외로움과 깨달음의 눈물이 그의 눈을 정화하고, 마음의 상처를 씻어낸 것이라는 생각을 했습니다.

그리고 이 책이 자신의 삶을 살아내고 있는 모든 이 시대 도반들에게 위로가 될 책이 되리라는 믿음도 생겨납니다.
현재 수백명의 '코칭(Coaching)'을 하고 계시는 선생님은 학교와 제도가 만든 시스템에서 얻은 지혜 너머, 스스로가 만들고 개척해 낸 '삶의 학교'에서 얻은 지혜로 풍성한 코칭을 하시겠다 싶습니다.

누구도 할 수 없는 고유의 방식으로 지혜로 개개인의 내면 에너지 솟아오르도록 안내하실 분이리라는 신뢰가 생깁니다. 책을 읽으면 누구나 그런 생각을 하시게 되겠지요.
그가 성장하며, 살아내며 만났던 '의미있는 타자(Significant Others)'들은 아마도 백 선생님에게 훌륭한 내면의 코치들이었음이 틀림없습니다.

어린 시절 바라본 자연과 그 안의 기억들, 한때 일터였던 정동의 한 식당에서 만난 책을 가진 누나, 집을 떠나 어려울 때마다 귓가에 떠오른 엄마의 당부, 가장 소중한 사람을 잃은 사람들의 울음과 웃음, 무조건적 지지를 해주었던 아내, 롬부아 마을 사람들, 지혜로운 종교인들, 그리고 생의 도반같은 피앙세...
달려보진 않았지만, 막막하고 두렵고 모든 것을 포기하고 싶을 것만 같은 마라톤의 32Km 지점을 지나는 선생님을 축하드립니다.

그것이 새로운 시작으로 이어져도, 또 거기까지라 할지라도 저는 선생님을 지지하고 축하할 것입니다. 숨 고르기 같은 성찰과 분별의 시간을 지나면 언제 어디서고 다시 시작할 선생님임을 알게 되었으니까요.

솔직한 글, 꾸밈없는 글쓰기의 힘, 무엇보다도 자신의 삶을 스스로 '학교'로 바꿔버리신 선생님의 그 아픈 노력과 지혜에 머리 숙여 존경의 마음을 드립니다.

이 책을 읽으시며 무섭고 외롭고 배고팠을 열넷, 열다섯의 어린 백승수를 안아주세요.

또 이 책을 읽으시며 지금 무섭고, 외롭고, 힘든 여러분이 계시다면 위로받기 바랍니다. 우리는 이렇게 서로 이어져 있네요.

2025. 12. 09. 오현선 드림

| 추천글 |

이요섭 한국웃음연구소 소장

고통을 통과한 웃음이 한 사람의 삶을 다시 살려낸 이야기

처음 백승수 선생님을 만났던 날을 아직도 잊지 못합니다.
몸은 가냘프고 어깨는 축 처져 있었고, 눈에는 기운이 거의 남아 있지 않았습니다.

솔직히 말하면, '이분이 다시 일어설 수 있을까' 하는 마음이 먼저 들었습니다.
그런데 이상하게도,
그 힘없는 얼굴로도 선생님은 자꾸 웃으려 하셨습니다.

웃기 위한 웃음이 아니라,
살기 위해 애써 짜낸 웃음이었습니다.
웃음연구소 프로그램에 참여하시며
선생님은 자주 울다가 웃고,
웃다가 다시 고개를 떨구곤 하셨습니다.

그때의 기억이 선합니다.
저만 이렇게 힘든 줄 알았어요.
그래도... 오늘은 조금 웃었네요.
그 말 한 마디 한 마디가

저에게는 회복이 시작되고 있다는 신호처럼 들렸습니다.

시간이 흐르면서,
선생님의 웃음이 조금씩 달라졌습니다.
억지 웃음이 아니라
속에서부터 올라오는 웃음이 되기 시작했습니다.
눈빛에 다시 생기가 돌아왔고,
말투에 다시 사람 냄새가 묻어났습니다.

그리고 시간이 흐르고 흘러 소식을 들었습니다
선생님이 마라톤을 완주하셨다는 소식을 들었습니다.
100m 걷는 것도 힘들어하시던 선생님이
42.195km를 끝까지 걸어내셨다는 사실이
저에게는 믿기지 않는 기적처럼 느껴졌습니다.

그뿐만이 아니었습니다.
사업을 일으켜 세우고,
50대 후반에 코칭이라는 새로운 길에 서셨습니다.
그 과정을 지켜보며
저는 확신하게 되었습니다.

이분은 단순히 회복한 사람이 아니라,
고통을 통과해 사람을 살리는 사람이 되어가고 있구나.
이 책을 읽으며 다시 느꼈습니다.

백승수 선생님을 살린 것은
'웃음 기법'이 아니라
끝까지 웃음을 놓지 않으려 했던 그 마음이었다는 것을.

살고 싶어서 웃었고,
포기하지 않기 위해 웃었고,
다시 사람 곁으로 돌아오기 위해 웃음이었다는 것을.

이 책에는 성공담이 담겨 있지 않습니다.
대신, 서울역 근처에서 방황하던 소년의 이야기,
정신의 바닥에서 버텨야 했던 한 인간의 시간,
그리고 다시 삶 쪽으로 한 걸음씩 걸어 나오는 과정이
있는 그대로 담겨 있습니다.

그래서 이 책은 더 깊은 울림입니다
이 책은 더 아프고, 더 따뜻합니다.
지금 삶이 너무 버거운 분,
지금 마음이 바닥이라고 느끼는 분,
지금 혼자라고 느끼는 분이
이 책을 꼭 한 번은 만나보셨으면 좋겠습니다.

이 책은 조용히 말해줄 것입니다.
"당신도 다시 웃을 수 있습니다."
"당신도 다시 살아갈 수 있습니다."
"당신은 혼자가 아닙니다."
저는 이 책을,
한 사람의 인생을 곁에서 지켜본 사람으로서
조심스럽지만 분명한 마음으로 어렵고 힘들어 하는 사람에게 추천합니다.

2026. 01. 10. 이요섭 드림

Contents

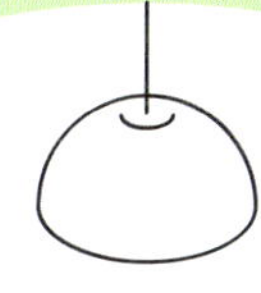

만남. 1장

내 고향의 풍경 신죽리

내 고향의 풍경 신죽리

그 이름만 떠올려도 코끝에 흙냄새가 스며든다.
도시의 빌딩 숲을 알기 전, 나는 숲에서 뛰놀던 아이였다.
아침 해가 뜰 무렵이면 벌써 마당을 뛰쳐나가 산과 들을 누볐다. 축축한 흙을 맨발로 밟을 때 전해지던 차가움, 그 흙이 품고 있던 생명의 기운이 발끝에서부터 온몸으로 퍼져 나갔다.

들판에 핀 들꽃들은 저마다의 색깔로 빛났다. 나는 그 꽃들의 이름을 하나하나 부르며 친구처럼 말을 걸곤 했다.

"너는 제비꽃이구나. 오늘도 예쁘네."

산에 오르면 세상은 또 다른 얼굴을 보여주었다. 바람이 나뭇잎을 스치며 속삭이는 소리, 이름 모를 새들의 지저귐은 가장 아름다운 오케스트라였다.
꿩과 노루가 그림처럼 평화롭게 뛰어노는 모습은 신비롭기까지 했다.

논두렁을 걷다 보면 수십 마리의 뱀이 한데 엉켜 꿈틀거리는 모습도 흔히 볼 수 있었다. 지금 생각하면 섬뜩할 수도 있겠지만, 그때의 나는 그들의 꿈틀거림마저도 자연의 일부라 여겼다.
두려움보다는 생명력에 대한 신기함이 더 컸다.

밤이 되면 하늘은 검은 도화지가 되었다. 그 위로 수많은 별들이 쏟아져 내렸다. 도시에서는 결코 볼 수 없는 은하수가 길게 이어져 밤하늘을 가로질렀다. 나는 평상에 누워 별을 세다가 잠이 들곤 했다.

그리고 내고향 신죽리에는 특별한 곳이 하나 더 있었다.
바로 대나무 숲이다.
대나무 숲에 발을 들이면 세상의 소음은 거짓말처럼 사라졌다.
오직 바람이 대나무 잎을 스치는 소리만이 가득했다.
스산하게 느껴질 때도 있었지만, 그 소리는 내게 언제나 평온함과 안식을 전해주었다. 빽빽하게 들어선 대나무들이 바람에 흔들리며 서로 부딪치는 소리는 마치 자연의 오묘한 속삭임 같았다.

대나무 숲은 사계절 내내 다른 얼굴을 보여주었다.
봄에는 연둣빛 죽순이 땅을 뚫고 올라오는 강인한 생명력을, 여름에는 짙푸른 잎사귀들이 바람에 시원하게 흔들리는 장엄한 풍경을 선사했다.

가을에는 대나무 잎이 바스락거리는 소리가 숲을 감돌았고, 겨울에는 눈이 쌓인 대나무 숲이 고요하고 신비로운 풍경을 자아냈다.
어린 시절, 슬프거나 외로울 때면 나는 무작정 대나무 숲을 찾아가 눈을 감곤 했다. 바람 소리는 내 마음속의 시름을 씻어주는 듯했고, 그곳에서 나는 위로와 다시 일어설 힘을 얻었다.

사라진 것들...
언젠가 뒷산에 혼자 갔을 때였다.
저 멀리서 노루 한 마리가 누군가를 기다리고 있었다.

저 노루는 누구를 기다리고 있는 걸까.
짝 잃은 친구를?
혹시... 나를 기다리고 있는 걸까?
산과 숲에 어울어진 노루의 풍경...
마음껏 뛰놀던 정겨운 그들은 어디로 갔을까.

그때의 꿩, 노루, 뱀, 토끼들. 뒷산에 가면 흔히 볼 수 있었던 동물들.
예전 그 시절에는 그렇게도 많던 동식물들은 지금 어디로 사라진 걸까?
지금도 그때 그 노루가 기억 속에 선명하게 떠오른다.

그 정겨웠던 자연의 품은 왜 이렇게 변해버린 것일까.
어린 시절의 순수하고 아름다운 자연이 그리워지는 밤이다.

또한, 모내기하는 날은 단순한 농사일이 아니었다.
온 동네가 함께하는 축제였다.
이른 아침부터 어르신들이 모여 논에 모를 심는 모습은 한 폭의 그림 같았다. 흥겨운 노랫가락이 들판에 울려 퍼졌다.

어린 나는 고사리 손으로 모를 심겠다고 나섰다가 진흙 범벅이 된 채 해맑게 웃던 기억이 난다.
점심시간이 되면 넓은 들판에 둘러앉아 소박한 밥상을 차려먹었다.
하얀 쌀밥에 어머니께서 직접 만드신 나물, 고등어 조림, 그리고 갈치 조림, 그게 전부였지만 땀 흘린 뒤 먹는 그 밥맛은 세상 그 어떤 진수성찬보다 맛있었다.
그 맛은 혀끝에 남은 기억이 아니라, 가슴 한 켠에 박힌 그리움이다.

국민학교를 마치고 집에 돌아오면, 어머니의 "밥 먹으러 오너라!" 하는 목소리가 나를 반겼다. 그 목소리를 들으면 왜 그리도 기뻤는지 모르겠다.

모내기 날뿐 아니라, 동네 어른들이 품앗이하며 이 집 저 집을 오가며 일손을 돕던 날들, 모든 일이 끝난 저녁, 마당에 모여앉아 밥을 먹으며 짚불을 피우던 그 풍경은 잊을 수 없다.

짚불 타는 냄새가 바람을 타고 온 동네에 퍼지면, 그 냄새는 곧 내게 '평온'이라는 단어와 동의어가 되었다.

하얀 고무신이 흙투성이가 되어도 마냥 좋았다.
그 흙냄새는 내게 가장 익숙하고 정겨운 향기였다.
그때는 정말 아무 걱정 없이 순수했던 날들이었다.

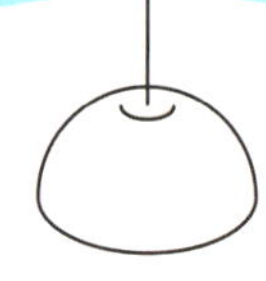

만남. 2장

철없는 15살 가출

철없는 15살 가출

그 순수한 어린 시절은 참으로 걱정 없이 보냈다.
부모님의 모든 빛으로 세상 두려울 게 없었다.
하늘은 언제나 맑았고, 집으로 돌아가는 길은 언제나 가벼웠다.
그때의 나는 몰랐다. 그 빛이 얼마나 해맑은 햇살인지를 몰랐다

초등학교 5학년 겨울이었다.
학교에서 돌아오는 길, 집 앞 창고가 보였다. 발걸음이 저절로 멈춰 섰다. 들어가기 싫었다. 창고 문틈으로 보이는 가마니들, 먼지 쌓인 그것들이 나는 너무 싫었다.

'또 안 팔렸구나.'

아버지의 한숨 소리가 들리는 것 같았다. 등 굽은 채 창고를 나서는 뒷모습이, 어머니의 걱정스러운 얼굴이 눈앞에 아른거렸다. 나는 천천히 고개를 돌렸다. 보고 싶지 않았다. 모른 척하고 싶었다.

그날 이후 나는 달라졌다. 아니, 세상이 달라 보이기 시작했다. 부모님의 빛 뒤에 숨어 있던 그림자를, 그 그림자가 얼마나 깊고 무거운 것인지를 조금씩 알아가기 시작했다.

저녁 식탁의 반찬이 줄어들 때마다, 어머니가 "괜찮아, 엄마는 배불러"라고 말할 때마다, 아버지가 낡은 옷을 한 번 더 기워 입을 때마다.
창고 앞에서 멈춰 섰던 그날, 나는 어린 시절의 끝자락에 서 있었다. 세상 두려울 게 없던 시간에서, 세상 속으로 들어가야 하는 시간으로 넘어가는 경계에.
그리고 그 순간부터 나는 알았다. 나이가 든다는 것은 단순히 숫자가 늘어나는 것이 아니라, 보이지 않던 것들이 보이기 시작하는 것이라는 걸. 들리지 않던 소리들이 들리기 시작하는 것이라는 걸.

창고는 여전히 그 자리에 있었다. 가마니들은 여전히 먼지를 쌓아가고 있었다. 하지만 그것을 바라보는 나는 더 이상 그 빛 속의 아이가 아니었다. 나는 천천히, 조금씩 세상 속으로 들어가고 있었다.
고개를 돌렸지만, 결국 나는 알고 있었다. 언젠가는 정면으로 마주해야 할 것들이라는 걸. 그리고 그것이 어른이 되어가는 과정이라는 것을.

현관문이 열리는 소리, 비틀거리는 발걸음, 술 냄새가 났다.
나는 방문을 닫았다. 이불을 머리까지 덮었다. 들리지 않기를 바랐다.

아버지의 한숨 소리가...
어머니의 걱정하는 목소리가 들리지 않기를 바랐다.
하지만 들렸다. 다 들렸다. 얇은 벽 하나 사이로 모든 것이 들렸다.
"또 술 드셨어요." "...미안해." "돈은요? 장사는 됐어요?" "......"
그 침묵이 답이었다. 나는 이불 속에서 주먹을 쥐었다.
'왜 이러시는 거야.' '왜 우리만 이렇게 사는 거야.'

친구집에는 밥상이 차려졌다. 흰 쌀밥, 고기반찬, 과일이 있었다.
나는 눈이 휘둥그레졌다. 우리 집은 보리밥에 김치가 전부였는데.
친구 아버지가 돌아오셨다.
양복을 입고 계셨다. 단정했다. 술 냄새도 나지 않았다. "어서 먹어라." 그 목소리는 부드러웠다. 우리 아버지처럼 힘없지 않았다. 집으로 돌아오는 길, 나는 울고 싶었다.

'왜 우리 집은 저렇지 않을까.'
'왜 우리 아버지는 저렇지 않을까.'

어머니의 굽은 등

어머니는 늘 일했다. 새벽부터 일어나 일했다. 밤늦도록 일했다. 빨래를 하고 밭에 나가고, 남의 집 일을 거들러 가셨다. 돌아오시면 허리를 펴지 못하셨다.

"엄마, 괜찮아?" "응, 괜찮아. 걱정 마."
하지만 괜찮지 않았다. 얼굴에 쓰여 있었다. 굽은 등에 새겨져 있었다. 나는 그게 싫었다. 왜 우리 엄마만 이렇게 고생해야 하는가. 왜 다른 집 엄마들처럼 편하게 살 수 없는가.

왜 화가 났을까. 정확히 알 수 없었다. 15살 소년이 뭘 알았겠는가. 그저 화가 났다. 모든 것이 화가 났다. 가난한 우리 집이, 술 마시는 아버지가, 고생하는 어머니가, 창고에 쌓인 가마니가, 친구들의 미묘한 눈빛이, 모든 것이 화가 났다. 그리고 무엇보다 이렇게 살 수밖에 없는 내 처지가 화가 났다.

그날 밤도 똑같았다. 아버지는 술에 취해 들어오셨다. 어머니는 한숨을 쉬셨다. 나는 이불을 뒤

집어썼다. 하지만 그날은 달랐다.
'더는 못 살겠다.' 갑자기 그런 생각이 들었다.
이유가 있었나? 없었다.
계획이 있었나? 없었다.
어디로 갈 것인가? 몰랐다.
무엇을 할 것인가? 몰랐다. 그저, 그저 떠나고 싶었다.

다음 날 새벽, 아직 어둠이 깔려 있었다. 나는 조용히 일어났다. 부엌으로 갔다. 어머니의 호주머니가 걸려 있었다. 손을 넣었다. 돈이 만져졌다.
7천 원. '이거면 되겠지.' 무엇이 되겠다는 건지 나도 몰랐다. 그냥 그 정도면 될 것 같았다.
서울 가는 기차표 사고, 며칠 먹고. 그 다음은? 생각하지 않았다. 15살은 그렇다. 깊이 생각하지 않는다. 결과를 예측하지 못한다.

그저 '지금 이 순간'만 보인다.
그게 어린 나이인 것 같다.
단순하고 즉흥적인 어린 나였다.

편지 한 장 없이
편지를 쓸까 생각했다. '나 서울 갑니다.' 하지만 쓰지 않았다. 뭐라고 써야 할지 몰랐다.
'아버지가 싫어서요?'
그건 아닌 것 같았다.
'가난한 게 싫어서요?'
그것도 아닌 것 같았다.

그럼 왜? 왜 떠나는가?
나도 몰랐다. 그냥, 그냥 떠나야만 할 것 같았다.
숨이 막혔다. 이곳에 있으면 죽을 것 같았다. 그래서 그냥 나왔다. 편지 한 장 없이, 말 한마디 없이.

새벽 기차역으로
집을 나서는 순간, 뒤를 돌아봤다. 낡은 기와집, 삐걱거리는 대문, 작은 마당이 보였다. 갑자기 가슴이 아렸다.
'이게 마지막일까?' 하지만 돌아가지 않았다.
돌아갈 수 없었다.
왜? 모른다. 그냥 발이 앞으로 나아갔다. 저절로.

기차역에서
기차역에 도착해서 표를 샀다.
"서울까지요." "학생, 혼자 가니?" "...네." 역무원 아저씨가 이상한 눈으로 봤다. 하지만 표를 줬다. 플랫폼에 서니 기차가 들어왔다.
'탈까, 말까.' 마지막 순간까지 망설였다. '지금이라도 집으로 돌아갈까.'
하지만 탔다. 왜? 모른다. 탈 수밖에 없었다. 이미 표를 샀고, 이미 여기까지 왔고, 이미 결심했으니까.

기차 안에서
기차가 움직였다. 마음속에는 창밖으로 신죽리가 멀어졌다. 대나무 숲이 기억 속에 보였다. 뒷산이 보였다. 논밭이 보였다. 갑자기 눈물이 났다.

'왜 우는 거지?' '떠나고 싶어서 떠나는 건데, 왜 눈물이 나지?' 닦았다. 또 났다. 또 닦았다. 옆자리 할머니가 물었다. "학생, 괜찮니?" "...네." 괜찮지 않았다. 하지만 인정할 수 없었다. 내가 잘못하고 있다는 것을, 내가 철없다는 것을.

떠나면서 모르는 것들

기차는 계속 달렸다. 나는 창밖만 봤다. 그때 나는 몰랐다. 어머니가 내 빈 방을 보며 얼마나 울었을지, 아버지가 얼마나 자책했을지, 동네 사람들이 나를 찾아 헤맬 것을.
어머니가 점을 보러 다니실 것을, 7천 원이 어머니께 얼마나 큰돈이었는지, 그 돈으로 한 달을 버티셨을지도 모른다는 것을. 나는 몰랐다. 아무것도 몰랐다.

철없다는 것

철없다는 것은 무엇인가. 결과를 생각하지 못하는 것이다.
다른 사람의 마음을 헤아리지 못하는 것이다.
내 행동이 누군가에게 상처가 된다는 것을 모르는 것이다.

나는 철없었다. 완벽하게 철없었다.

'나만 힘들어.' '나만 불행해.' '나만 이 집에서 벗어나고 싶어.' 그렇게 생각했다. 하지만 몰랐다. 아버지가 얼마나 힘들었는지, 어머니가 얼마나 외로웠는지, 그들도 떠나고 싶었을지 모른다는 것을. 하지만 떠나지 못하고 견디고 있었다는 것을, 나를 위해서.

미움과 사랑 사이

나는 아버지가 싫었다. 정말로 싫었다. 하지만 동시에 사랑했다. 그것을 인정하고 싶지 않았지만 사실이었다. 어릴 적 아버지가 어깨에 태워주셨던 기억, 명절날 새 옷을 사주시던 기억, 아플 때 약을 사오시던 일이 다 기억났다.

하지만 그때는 그 사랑보다 지금의 화가 더 컸다. 15살은 그렇다. 현재만 본다. 과거는 묻힌다. 미래는 보이지 않는다.
도망치는 것일까, 나아가는 것일까.
나는 도망치는 걸까. 그렇게 생각하고 싶지 않았다.

'나는 새로운 길을 찾으러 가는 거야.'
'서울에 가면 뭔가 있을 거야.'
'거기서 성공하면 돌아올 거야.' 그렇게 스스로를 위로했다. 하지만 솔직히 도망이었다.
견딜 수 없어서, 숨이 막혀서 더는 그 집에 있을 수 없어서 도망쳤다.

어린 마음의 정당화
하지만 인정할 수 없었다. '나는 잘못하지 않았어.' '나는 선택한 거야.' '이건 내 인생이야.'
15살 소년의 자존심, 그것이 나를 지탱해 주었다. 죄책감을 느끼면 무너질 것 같았다. 그래서 계속 말했다.

나 자신에게,
'나는 옳아.'
'나는 용기 있어.'
'나는 강해.'

서울역이 가까워질수록

기차는 서울로 향했다. 점점 가까워졌다. 그런데 이상했다. 설렘보다 두려움이 더 컸다.

'서울에 도착하면 어떡하지?' '어디로 가지?' '뭘 하지?' 생각하지 않으려 했던 것들이 몰려왔다. '배고프면?' '잘 곳이 없으면?' '돈이 떨어지면?' 손이 떨렸다. 호주머니 속 7천 원을 만졌다. 작았다. 너무 작았다. '이걸로 뭘 할 수 있지?'

되돌릴 수 없는 순간

"다음 정차역은 서울역입니다." 방송이 나왔다. 가슴이 쿵쾅거렸다. '내려야 하나.' '아니면 다시 돌아가는 기차를 탈까.' 고민했다. 하지만 알았다. 이미 늦었다는 것을. 어머니 호주머니에서 돈을 꺼낸 순간, 집을 나선 순간, 기차에 오른 순간, 이미 되돌릴 수 없었다.

철없음의 본질

철없다는 것은 돌이킬 수 없는 선택을 하는 것이다.

그것이 돌이킬 수 없다는 것조차 모르는 것이다. 나는 철없었다. 내가 얼마나 큰 상처를 주고 떠나는지, 내가 얼마나 위험한 곳으로 가는지, 내가 얼마나 준비되지 않았는지 몰랐다. 아니, 알았을지도 모른다. 하지만 인정하지 않았다. 그게 15살이다. 그게 철없음이다.

플랫폼에 서서

기차가 멈췄다. 서울역이었다. 문이 열렸다. 나는 앉아 있었다. 일어나지 못했다. 사람들이 내렸다. 다들 어디론가 향했다. 목적지가 있는 것처럼. 나만 앉아 있었다. 차장 아저씨가 봤다. "학생, 내려야지." 일어나서 가방을 들었다. 발을 내디뎠다.

그렇게 철없는 한 소년이 세상 밖으로 나왔다. 무모하게, 준비 없이, 두려움 반 설렘 반으로. 그것이 15살의 가출이었다. 그것이 나의 시작이었다.

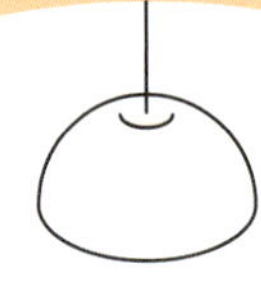

만남. 3장

1979년 12월 28일
맹추위 서울 하늘

1979년 12월 28일. 맹추위 서울 하늘

플랫폼의 첫순간

기차 문이 열렸다. 쏟아져 들어오는 찬 공기에 "윽—" 숨이 막혔다. 전라도에서도 추웠다. 하지만 이건 달랐다. 이건 다른 추위였다. 시멘트 바닥에서 올라오는 냉기, 철로에서 스며드는 차가움, 플랫폼 전체를 감싸고 있는 얼음장 같은 공기였다. 입김이 하얗게 나왔다.

코가 얼었다. 귀가 따가웠다. 옷깃을 여며 봤지만 소용없었다. 전라도 시골에서 입던 얇은 점퍼는 서울의 12월을 견디기에는 터무니없이 부족했다.

광장으로 나서다

플랫폼을 벗어나 계단을 내려갔다. 발걸음을 옮길 때마다 낡은 운동화 밑창으로 차가움이 전해졌다. 구멍이 나 있었다.

왼쪽 운동화 밑창에 구멍이 나 있어서 젖은 양말이 시멘트에 닿았다. 한 걸음, 두 걸음 걸을 때마다 발이 얼어붙는 것 같았다.

서울역 광장, 1979년

광장에 섰다. 눈앞이 캄캄했다. 아니, 실제로는 밝았다. 너무 밝았다. 대우빌딩이 하늘을 찌를 듯 솟아 있었다.

신죽리에서 본 가장 높은 건물은 면사무소 2층 건물이 전부였는데, 이건 몇 층인가. 세어 보려 했다. 포기했다. 끝이 보이지 않았다.

목이 아플 정도로 고개를 젖혔다. 그래도 꼭대기가 보이지 않았다. 건물 표면에 달린 수백 개의 창문들, 불이 켜진 창과 불이 꺼진 창이 있었다. 저 안에는 얼마나 많은 사람들이 있을까. 저 사람들은 무슨 일을 할까. 저 사람들은 따뜻할까.

광장의 사람들

사람들이 쏟아져 나왔다. 기차에서, 건물에서, 지하도에서 사람들이 나왔다. 모두 빨랐다. 걸음이 빨랐다.

목적지가 있는 사람들의 걸음, 확신에 찬 걸음, 당당한 걸음이었다. 코트를 입은 사람들, 가죽 구두를 신은 사람들, 서류가방을 든 사람들이었다. 그들은 나를 보지 않았다. 스쳐 지나갔다. 부딪쳤다. "어이구!" 누군가 내 어깨를 쳤다. 사과하지 않았다. 뒤도 돌아보지 않았다. 그냥 갔다. 나는 투명인간 같았다.

광장의 풍경들

광장 한쪽에는 사람들이 모여 있었다. 나와 비슷한 사람들이었다. 아니, 나보다 더 힘들어 보이는 사람들이었다. 구두닦이 소년, 목에 상자를 걸고 껌을 파는 아이, 바닥에 앉아 담배를 피우는 청년들이 있었다.

그들의 얼굴은 거칠었다. 햇볕에 그을린 것이 아니라 도시의 매연에 그을린 얼굴이었다. 눈빛은 날카로웠다. 생존의 눈빛이었다. 경계의 눈빛이었다.

바람이 불었다. 광장을 가로지르는 바람, 건물 사이를 빠져나오는 바람이었다. 칼바람이었다. 얼굴이 베이는 것 같았다.

손이 시렸다. 호주머니에 넣었다. 6천 원을 만졌다. 종이가 차갑게 느껴졌다. 코에서 콧물이 났다. 닦을 휴지가 없었다. 소매로 닦았다. 얼어붙은 소매가 뻣뻣했다.

공기가 달랐다. 신축리에서는 흙냄새가 났다. 풀냄새가 났다. 대나무 숲의 맑은 공기가 있었다. 여기는 코를 찔렀다.
목이 따가웠다. 숨쉬기가 불편했다. 석탄 냄새, 연탄 냄새, 자동차 배기가스, 공장 굴뚝에서 나오는 매연 등 모든 것이 뒤섞인 냄새였다. 이게 서울의 공기구나.

광장을 벗어나 골목으로 들어갔다. 좁은 골목이었다. 양쪽으로 낡은 건물들이 있었다. 2층짜리, 3층짜리, 기울어진 것 같은 건물들이었다. 골목 곳곳에 연탄재가 쌓여 있었다.

직업소개소 골목
서울역 뒤쪽으로 갔다. 간판들이 보였다. '○○직업소개소', '△△취업알선', '구인구직'이라는 간판들이 연달아 붙어 있었다. 문 앞에 사람들이 모여 있었다. 나와 비슷한 나이의 소년, 스무 살쯤 되어 보이는 청년, 서른 넘어 보이는 아저씨가 있었다. 모두 같은 얼굴이었다. 배고픈 얼굴, 막막한 얼굴, 절박한 얼굴이었다.

한 사람이 나를 봤다. 눈이 마주쳤다. 나는 고개를 돌렸다. '나는 저렇게 되지 않을 거야.' 다짐했다. 하지만 알 수 없었다. 내일 내가 어디에 있을지.

해가 지는 서울역

해가 기울었다. 더 추워졌다. 서울역 시계탑을 봤다. 오후 5시였다. 벌써 어두워지고 있었다. 불빛들이 하나둘 켜졌다. 가게 불빛, 가로등, 자동차 헤드라이트, 건물 창문의 불빛이 켜졌다. 밝았다.

너무 밝았다. 하지만 춥다. 너무 춥다. 불빛이 따뜻함을 주지 못했다. 오히려 더 춥게 느껴졌다. 저 불빛 안에는 따뜻함이 있을 텐데 나는 바깥에 있다.

첫날밤이 오다

어디로 가야 하나. 발이 얼었다. 손이 얼었다. 귀가 떨어질 것 같다. 사람들이 점점 줄어들었다. 모두 집으로 가는 것 같다.

나는?

나는 어디로 가지?

직업소개소에 가야 하나.

하지만 지금은 문을 닫았을 것 같다. 국밥집에 가야 하나. 하지만 6천 원을 쓰면 안 된다. 이게 전부니까. 여인숙에 가야 하나. 얼마일까. 감당할 수 있을까.

밤이 되자 더 추워졌다. 체온을 빼앗아가는 추위, 뼈 속까지 파고드는 추위, 살아 있는 것 자체가 고통인 추위였다.

이 추위 속에서 사람들은 어떻게 살까. 판잣집의 사람들, 쪽방의 사람들, 노숙하는 사람들은 어떻게 이 밤을 견딜까. 그리고 나는, 나는 어떻게 이 밤을 견딜까.

광장 한구석에서

환풍구를 찾았다. 따뜻한 공기가 나오는 곳이었다. 이미 사람들이 있었다.

자리가 없었다. 조금 떨어진 곳에 앉았다. 바닥이 차가웠다. 가방을 깔았다. 그 위에 앉았다. 무릎을 끌어안았다. 고개를 숙였다. 떨렸다. 온몸이 떨렸다. 추위 때문인가. 두려움 때문인가. 둘 다였다.

그때 나는 알았다.
이곳은 내가 생각했던 그런 곳이 아니었다. 희망의 도시가 아니었다. 꿈을 이루는 곳이 아니었다.

이곳은 냉혹하고
잔인했다.
무관심했다. 여기서는 아무도 나를 도와주지 않는다.
여기서는 아무도 나를 알아보지 않는다.
여기서는 아무도 나를 기다리지 않는다.

혼자다.
오직 혼자다.
철저히 혼자다.

그 추위 속에서 15살 소년은 혼자였다.
그것이 1979년 12월 28일, 서울역의 첫날밤이었다.

직업소개소 – 첫 번째 문
다음 날 아침, 밤새 환풍구 옆에서 떨다가 해가 뜨자마자 일어났다. 몸이 뻣뻣했다. 허리를 펴지 못했다. 직업소개소를 찾아갔다.

'○○직업소개소'라는 간판이 붙은 낡은 2층 건물이었다. 페인트가 벗겨진 간판이 바람에 삐걱거렸다. 문을 열었다. 끼이익— 녹슨 문 소리가 났다.
안은 좁았다. 담배 연기가 자욱했다. 낡은 책상 하나와 의자 몇 개가 전부였다. 벽에는 종이들이 붙어 있었다. '식당 보조 구함', '공장 야간 근무', '건설 일용직'이라는 글씨들이 보였다.

소장님과의 만남
책상 뒤에 한 분이 앉아 계셨다. 오십 대쯤 되어 보이는 분이었다. 얼굴이 거칠었다. 담배를 피우고 계셨다. 나를 보시더니 위아래로 훑어보셨다.
"학생?" "...네." "몇 살?" "...열다섯 살입니다." "어디서 왔어?" "전라도요." 침묵이 흘렀다. 소장님이 담배를 재떨이에 비볐다.

"너... 집 나왔구나." 깜짝 놀랐다. 어떻게 아셨을까. 소장님이 웃으셨다. 씁쓸한 웃음이었다.
"다 보이더라. 니 같은 애들 한둘이 아니여." 목소리가 전라도 사투리였다. 가슴이 뭉클했다.
고향 사투리를 듣는 것만으로도. "일... 하고 싶습니다." "부모님은 아시나?" "......" "그래. 말 안 해도 알겠다." 소장님이 한숨을 쉬셨다. "일할 곳은 있다. 근디... 힘들어." "괜찮습니다. 뭐든 할 수 있습니다."

소장님이 나를 봤다. 안쓰러운 눈빛이었다. "그래. 일단... 목욕탕 가볼래? 자고 먹는 건 해결된다."

첫 번째 일터 – 목욕탕
목욕탕은 서울역에서 버스로 30분 거리였다. 3층 다락방, 곰팡이 냄새 나는 이불, 하지만 괜찮았다. 지붕이 있는 것만으로도.

저녁 6시, 첫 끼니로 밥, 김치, 된장찌개. 손이 떨렸다. 언제 밥을 먹었지? 숟가락을 들었다. 따뜻했다. 눈물이 날 것 같았다.

저녁 10시부터 새벽 2시까지 탕 청소. 욕조 안으로 들어가 솔로 벽을 문질렀다. 끼익— 끼익— 수많은 사람들의 때를 손으로 긁어냈다. 미끈거렸다. 역겨웠다.

손이 망가졌다. 손등은 벗겨졌다. 손바닥은 물집이 생겼다. 허리는 펴지지 않았다. 무릎은 시퍼렇게 멍들었다.

'한 달만, 한 달만 버티자.'

사흘째 되던 날, 청소가 늦어졌다. 주인이 내려왔다. "야! 이 새끼야! 내일 또 이러면 나가!"

일곱째 날 밤. 더는 못 하겠다. 몸이 말을 듣지 않았다.

그날 밤, 도망쳤다. 가방도 두고, 돈도 받지 못하고.

두 번째 일터 – 단란주점

직업소개소에 다시 갔다. "벌써 나왔나?" "...네."

천막 주점. 비닐 천막 천장, 테이블 대여섯 개. 뒤편 판잣집은 두 평도 안 되었다. 비닐 창문 틈으로 바람이 쌩쌩 들어왔다. 목욕탕보다 더 추웠다.

과일을 썰었다. 손이 미끄러졌다. "악!" 칼에 베었다. 손가락에서 피가 났다.

저녁이 되면 손님들이 왔다. 담배 연기가 자욱했다. "학생 몇 살이야?" "...열다섯 살입니다." "기특하네. 잘 먹어라." 한 손님이 천 원을 주셨다. 처음으로 팁을 받았다.

밤에는 판잣집 이불을 머리까지 덮었다. 바람 소리가 쌩—쌩— 발이 얼었다. 코가 얼었다.

사흘째 밤. "불이야!" 전선이 합선되었다.

다음 날 아침. "죄송합니다. 그만둘게요." "왜?" "...무섭습니다."

이틀 치 일당, 오천 원을 손에 쥐었다.

세 번째 일터 – 주유소

"자꾸 옮겨 다니면 안 되는디..." 소장님이 한숨을 쉬셨다.

명지대 앞 주유소. 차가 들어오면 뛰어갔다. "안녕하십니까! 무엇 넣어드릴까요?"

사흘째, 실수했다. 기름이 넘쳤다. "야! 이 새끼야!"

창고로 끌려갔다. 발이 날아왔다. 배를 등을 옆구리를 걷어찼다.

그날 밤, 형들이 불렀다. "우리도 혼났어. 너 때문에." 구둣발이 날아왔다. 정강이에 허벅지에.

매일 실수했고 매일 맞았다. 창고, 구둣발, 주먹, 매일 반복되었다.

하지만 한 가지 좋은 것이 있었다. 세 끼, 흰 쌀밥을 배불리 먹을 수 있었다. 그것만으로도 천국 같았다.

보름이 지났다. 몸은 멍투성이였다. 더는 못 하겠다.

'엄마...' 집이 그리웠다.

다음 날 새벽, 도망쳤다. 세 번째 도망이었다.

거리로

또다시 거리였다.

목욕탕, 주점, 주유소, 다 실패했다. 손에 남은 돈은 2천 원이었다.

배가 고팠다. 추웠다.

1980년 1월, 서울의 겨울은 끝나지 않았다. 15살 소년은 여전히 거리를 헤매고 있었다.

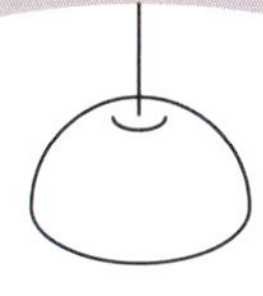

만남. 4장

질풍노도의 끝에서 마주한 사람들

질풍노도의 끝에서 마주한 사람들

막다른 골목

서울역 근처 직업소개소의 낡은 의자에 앉아 있던 그날, 나는 갈 곳도 갈 마음도 없었다. 주유소에서 도망친 지 사흘째였다. 열다섯 살 소년의 방황은 이제 막다른 골목에 다다른 듯했다.

소장님이 받은 전화 한 통이 내 삶의 방향을 바꾸었다. 시청 옆 정동, 문화방송국 근처의 소고기 식당이었다. 그곳이 내 사춘기라는 긴 터널의 마지막 기착지가 될 줄은, 그때는 몰랐다.

따뜻한 안식처

식당 주인은 아담한 체구에 소박한 인상이었다. 커다란 화로에 숯불을 지피고 불판을 나르는 일을 하는 청년을 찾았다.

단순하고 반복적인 노동이었지만, 혹독한 겨울 추위와 배고픔 속에서 살아온 내게 그곳은 처음으로 '따뜻함'이라는 것을 알려준 안식처였다.

낯설지 않은 정

함께 일하던 이들 대부분은 시골에서 올라오신 분들이었다. 그들의 눈빛과 말 한마디에서 낯설지 않은 정이 느껴졌다.

삭막한 서울 풍경과 차가운 사람들 속에서 외롭게 떠돌던 내게, "밥은 먹었냐"는 그 한마디는 사막의 오아시스처럼 소중했다.

처음 맛본 온기

주방에서 끓여주던 된장찌개는 구수했고, 시골에서는 명절에나 먹던 소고기를 나는 그곳에서 처음 배불리 먹었다.

손님들이 남긴 고기를 몰래 챙겨 먹을 때의 그 맛을 나는 아직도 기억한다. 배고픔만이 아니었다. 누군가로부터 받은 따스한 마음이 더해져, 그 맛은 더욱 깊어졌던 것이다.

듣고 싶지 않았던 말

7월의 끈적한 더위가 8월의 무더운 바람으로 바뀌어가던 어느 날, 주변에 계신 분들이 말하기 시작했다. "이제 집에 가야지." 형님들이 말했다. 들리지 않았다. "공부는 해야지." 아주머니도 말했다. 듣고 싶지 않았다. 공부, 그 단어만 들어도 숨이 막혔다.

8월 어느 날 저녁이었다. 손님이 끊긴 시간, 식당 구석에 앉아 있었다. 누나가 들어왔다. 같이 일하는 누나였다. 손에 책을 들고 있었다. 맞은편에 앉았다.

책을 폈다. 공부하는 그 순간, 시간이 이상하게 흘렀다.

느렸다. 아니, 멈춘 것 같았다.

멈춘 시간,

숯불 타는 소리, 차 소리, 페이지 넘기는 소리, 모든 소리가 멀어졌다. 누나의 옆모습을 봤다. 그런데 왜인지 뒷모습처럼 느껴졌다.

갑자기 떠오른 기억

갑자기 어머니가 떠올랐다. 국민학교 들어가기 전, 어머니가 내 손을 잡으셨다. "공부 열심히 해라." "엄마는 공부 못 배웠다." 그때는 몰랐다. 무슨 말인지. 장터에서 어머니가 물건 팔 때 글을 몰라도 계산을 하셨다. 머릿속으로 다 외우셨다. “어떻게 하세요?” “외우는 거다.” 어머니의 손은 거칠었다.

펜을 쥔 손

누나가 뭔가 적었다. 펜을 쥔 손이 보였다. 어머니는 펜을 쥐지 못하셨다. 평생 펜을 쥐지 못하셨다.

무언가가 나를 쳤다

그때였다. 가슴이 뛰었다. 아니, 터질 것 같았다. 숨이 막혔다. 무엇인가가 나를 쳤다. 뒤통수를, 가슴을 쳤다. 무엇인지 말할 수 없었다. 설명할 수 없었다. 왜인지, 무엇이 어떻게인지 모르겠다. 지금도 분명한 건 그 순간 모든 게 달라졌다는 것이다.

혼자 남은 밤

누나가 일어났다. “먼저 들어갈게.” 혼자 남았다. 식당은 조용했다. 내 심장 소리만 들렸다. 밤이 되었다. 잠이 오지 않았다. 누나의 그 모습, 어머니의 그 목소리가 계속 들렸다. “공부 못 배웠다.” “외우는 거다.” “펜을 쥐지 못했다.” “평생”

새벽의 깨달음

새벽에 눈을 떴다. 알았다. 돌아가야 한다는 것을. 왜인지는 모른다. 그냥 알았다.

결심

며칠을 생각하고 생각하며 아주머니를 찾아갔다. “아주머니…” “왜?” “저…” 말이 나오지 않았다. “집에… 가야 할 것 같아요.” 아주머니가 웃으셨다. “그래, 그래. 잘 생각했다.” “공부… 해야 할 것 같아요.” “그래, 해라. 늦지 않았다.”

왜 그랬을까

주변에서 참으로 많이 말해주었다. "공부해라." 형님도, 아주머니도 말했다. 그때는 안 들렸다. 그런데 누나는 아무 말도 안 했다. 그냥 공부했을 뿐이었다. 그것이 나를 움직였다. 말이 아니라 모습이었다. 설득이 아니라 존재였다.

누나의 길

누나는 자기 길을 가고 있었다.

묵묵히 가고 있었다.

그 길이 어머니가 평생 가고 싶었던 길이었다.

그리고 내가 가야 할 길이었다.

작별

공부하러 간다고 하니 식당 사람들이 다 모였다. "잘 가라. 열심히 해라." 누나가 다가왔다. "잘 가." "감사합니다." "뭐가?" "그냥요." 누나는 웃었다. 모를 것이다. 그날 저녁, 책 읽던 그 모습이 내 인생을 바꿨다는 것을.

사춘기의 끝

사춘기는 누구나 한 번쯤 겪는 성장의 홍역이었다.

온몸에 열꽃이 피어나듯, 내 안의 모든 감정이 통제 불능으로 폭발하는 시간이었다.

나는 세상 모든 것에 반항하고 싶었고, 나만의 세계에 갇혀 홀로 고독을 즐기려 했다.

그래서 무작정 집을 뛰쳐나갔고, 모든 관계와 단절하려 했다. 그때의 나는 끝없는 어둠 속을 헤매는 길 잃은 아이였다. 하지만 그 모든 반항의 끝에는 언제나 깊은 공허함만이 남았다.

늦은 깨달음
내 안의 소용돌이가 힘을 잃어갈 무렵,
나는 깨달았다.
내가 가장 외롭다고 느꼈던 순간,
그들은 오히려 나를 가장 소중하게 바라보고 있었다는 것을.
어떤 말로도 표현하기 힘든 그들의 인내와 믿음이, 내가 돌아갈 수 있는 유일한 통로였다는 것을.

결국 나의 사춘기라는 홍역은 끝났다. 그 끝에서 나는 나를 기다려준 따뜻한 품을 발견했다. 어둠 속을 헤매던 내 모습을 보며 안타까워하시기보다, 오히려 그 시간을 통해 내가 더 단단한 사람이 될 것을 아셨을지도 모른다.

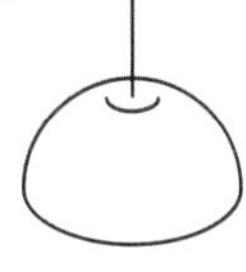

만남. 5장

어머니와의 재회와 사랑들

어머니와의 재회와 사랑

귀향 – 9개월 만의 여정. 돌아가는 길

집을 나온 지 9개월 만에 집으로 돌아가는 길이었다. 기차 창밖으로 스쳐 지나가는 거리는 예전 그대로였다.

익숙한 풍경이었다. 하지만 내 안은 완전히 다른 세상이 되어 있었다. 15살에 나왔던 소년은 이제 16살이 되어 돌아가고 있었다. 겨우 1년의 시간이었지만, 그 안에서 나는 평생을 산 것 같았다.

무거운 발걸음

하지만 발걸음은 무거웠다. 가슴이 두근거렸다. 두려웠다. 단 한 번도 편지 한 장, 전화 한 통 하지 않았던 나를 어머니는 어떤 눈빛으로 맞아주실까. 화가 나셨을까. 실망하셨을까. 원망하셨을까.

그때가 1980년이었다. 광주의 5월이 피로 물들던 시절이었다. 하루아침에 사람들이 사라지고 거리마다 절규가 메아리치던 그 암흑의 시기였다.

나는 그 혼란 속에서 집을 나왔던 것이다. 뉴스에서는 매일 무서운 이야기들이 흘러나왔다. 사람들이 죽었다는 소식, 사라졌다는 소식이 끊이지 않았다.

혹시 어머니가 내가 죽은 줄 알고 계신 건 아닐까. 그 불안한 마음으로 어머니는 뜬눈으로 나를 기다리셨을 것이다. 매일 밤 잠 못 이루시며 대문 쪽을 바라보셨을 것이다. "돌아올까, 살아 있을까.” 그러나 나는 내 안의 질풍노도에만 매달려, 정작 어머니 가슴속 아픔은 헤아릴 줄 몰랐다.

집 앞에서

기차가 도착했다. 역에서 내려 집으로 돌아가는 길은 멀고도 멀었다

우리 집이 보였다. 집 앞에 다다르자 두려움이 몰려왔다.

발걸음이 멈춰졌다. 심장이 터질 것 같았다. ‘엄마가 나를 몽둥이로 때리시면 어쩌지.’ ‘문을 열어 주시지 않으면 어쩌지.’ ‘나를 용서하지 않으시면 어쩌지.’

문이 열리는 순간,

손을 떨며 대문을 열었다. 마당이 보였다.

“엄마…”

작은 목소리로 불렀다. 방문이 열렸다. 어머니가 나오셨다. 그 순간, 나는 내 모든 상상을 깨뜨리는 광경을 보았다.

몽둥이가 아니었다. 화난 얼굴이 아니었다. 두 팔을 활짝 벌려 나를 향해 달려오시는 어머니였다.

어머니의 품

“내 아들!” 어머니가 나를 끌어안았다.

“살아왔구나.

죽지 않고 돌아왔구나.”

울음 섞인 목소리였다.

따뜻한 눈물이 내 온몸을 덮쳤다.

어머니의 눈물이 내 어깨에, 내 등에, 내 얼굴에 떨어졌다.

나도 울었다. 참았던 눈물이 쏟아졌다. 8개월 동안 참았던 눈물이 한꺼번에 터져 나왔다.
그 순간, 나는 비로소 알았다. 어머니의 사랑은 매보다 크다는 것을. 기다림보다 깊다는 것을. 눈물보다 따뜻하다는 것을.

어머니는 나를 때리지 않으셨다. 꾸중하지 않으셨다. 원망하지 않으셨다. 그저 살아 돌아온 것만으로, 그것만으로 충분하셨다.

먹먹한 가슴
지금 생각해도 가슴이 먹먹해진다. 그때는 미처 부모님의 깊은 마음을 알 수 없었다.
'왜 우리 집만 이리도 힘든가, 왜 나에게만 이런 시련이 닥치는가' 하는 투정으로 가득 차 있었다. 내 시선은 늘 내 앞만 보고 있었기에, 정작 나를 향한 부모님의 깊은 마음은 읽을 수 없었다.

어머니가 보낸 8개월
내가 무소식으로 보낸 그 시간 동안, 어머니 마음속에는 얼마나 많은 질문과 불안이 소용돌이쳤을까. '밥은 제대로 먹고 다니는지, 혹시 다치지는 않았는지, 그리고 이 세상에 살아는 있는지' 그 모든 걱정이 쌓여 어머니의 가슴은 얼마나 먹먹했을까. 나이가 들어야만 비로소 헤아릴 수 있는 그 깊은 마음을.

가르침
어머니의 두 팔과 눈물은 나에게 가르쳐주었다. 부모의 사랑이 얼마나 깊은지를. 그 사랑은 논리로 설명할 수 없는, 오직 마음으로만 느낄 수 있는 세계였다. 말로 표현할 수 없는 세계였다. 그저 느낄 수밖에 없는, 받아들일 수밖에 없는 사랑이었다.

가장 큰 선물

나의 사춘기는 나를 힘들게 했다. 목욕탕에서의 고된 노동, 주점에서의 추위, 주유소에서의 폭력, 쓰레기통 앞에서의 굶주림, 그 모든 것이 나를 괴롭혔다. 하지만 동시에 부모님의 사랑이라는 가장 큰 선물을 안겨주었다.

떠나보지 않으면 알 수 없는 것들이 있었다. 잃어보지 않으면 느낄 수 없는 것들이 있었다. 어머니의 따뜻한 품은 나에게 세상에서 가장 안전한 안식처이자, 나를 다시 태어나게 한 삶의 출발점이었다.

새로운 시작

그날부터 나는 다시 시작했다. 학교로 돌아갔다. 공부를 시작했다. 정동 식당에서 본 누나의 모습, 어머니가 평생 이루지 못한 꿈, 그것을 이루기 위해 책을 펼쳤다. 늦지 않았다. 아직 늦지 않았다. 16살, 아직 늦지 않았다. 어머니의 품에서 다시 태어난 나는 이제 새로운 길을 걷기 시작했다.

서울에서의 8개월, 그 고난의 시간은 나를 성장시켰고, 어머니와의 재회는 나를 다시 일으켜 세웠다. 이제 나는 알았다. 혼자가 아니라는 것을. 함께라는 것을. 사랑받고 있다는 것을 알게 되는 귀중한 시간을 만나게 되었다.

만남. 6장

나의 학창시절과 어머니

나의 학창시절과 어머니

돌아온 후

나는 고등학교에 진학하고 싶었다. 하지만 집안 형편은 여전히 어려웠다. 그래도 나는 포기할 수 없었다. 전남기계공고에 가고 싶었다. 기술을 배우고 싶었다. 그곳에 입학하려면 시험을 봐야 했다. 준비를 해야 했다. 학원에 갈 형편은 되지 않았다. 그래서 혼자 공부를 시작했다.

까막눈처럼

책을 펼쳤다. 참고서를 샀다. 중학교 교과서를 다시 꺼냈다. 하지만 처음에는 까막눈처럼 되지 않았다.

혼자서 공부한다는 것, 아무도 가르쳐주지 않는 상황에서 책을 보는 것은 막막했다. 글자는 보이는데 의미가 들어오지 않았다. 문제는 보이는데 풀이 방법을 알 수 없었다. 수학 문제를 보면 머리가 하얘졌다. 영어 단어를 외워도 금방 잊어버렸다.

하고 또 하고

하지만 나는 멈추지 않았다. 하고 또 하고 했다. 한 번 읽고 이해가 안 되면 두 번 읽었다. 두 번 읽고 안 되면 세 번 읽었다. 열 번, 스무 번, 서른 번. 같은 문제를 반복해서 풀었다.

같은 단어를 반복해서 썼다. 같은 공식을 반복해서 외웠다. 이해하기보다는 무작정 외웠다. 아침에 일어나면 읽고, 또 읽고, 잠들기 전까지 반복해서 읽었다.

신기한 변화

그러니까 신기하게도 공부가 되었다. 처음에는 그냥 글자였다. 그런데 열 번쯤 읽으니 문장이 되었다. 이십 번쯤 읽으니 의미가 보였다. 수학 공식이 머릿속에 들어오고, 문제 풀이 방법이 이해되기 시작했다.

'아, 이런 뜻이구나.' '이렇게 풀면 되는구나.' 하나씩, 조금씩, 알아가기 시작했다. 다섯 번, 열 번을 반복하니 신기하게도 내용이 보이기 시작했던 것이다.

나 자신과의 싸움

그때의 나는 나 자신과의 치열한 싸움을 하고 있었다. 지난 방황의 시간을 만회하기 위해, 그리고 어머니께 보답하기 위해 모든 것을 걸었다. 친구들이 놀자고 해도 거절했다.

"미안, 나 공부해야 해." 밤늦게까지 책상에 앉아 있었다. 어머니가 "자거라" 하셔도 "조금만 더요" 하며 버텼다. 졸리면 찬물로 얼굴을 씻었다. 손이 시려도 참았다. 이 정도는 아무것도 아니었다. 서울 겨울에 비하면, 목욕탕 새벽 2시에 비하면, 주유소 구둣발에 비하면, 이 정도는 견딜 만했다.

더 이상 포기할 수 없었다

나는 더 이상 포기할 수 없었다. 서울에서 도망쳐 나왔던 것처럼, 공부에서도 도망칠 수는 없었다. 내게는 더 이상 잃을 것이 없었다. 이미 바닥까지 가봤다. 쓰레기통을 뒤지고, 맞고, 굶주리고, 얼어 죽을 뻔했다. 이제 무엇이 두렵겠는가. 오직 어머니의 사랑에 보답해야 한다는 마음만이 가득했다. 살아서 돌아온 나를 두 팔 벌려 안아주신 어머니, 그 품을 생각하면 포기할 수 없었다.

어머니의 고향

그러던 어느 날, 어머니가 말씀하셨다. "엄마는 말이다, 바닷가에서 태어났단다." 어머니는 바닷가 땅끝 해남 화산에서 태어나셨다. 소금기 머금은 짠 바람처럼 강인하고, 밀려오는 파도처럼 쉼

없이 억척스러운 삶을 사셨다. 아버지와 함께 겪었던 온갖 풍파 속에서도, 오로지 자식들을 향한 사랑 하나로 버텨내신 분이셨다.

여자는 공부하면 안 된다

어머니의 삶에 깊은 그림자를 드리운 것은 바로 '여자는 공부하면 안 된다'는 시대의 편견이었다. 그 시절, 바닷가 작은 마을에서 여자는 그저 '시집가서 살림이나 할 기집애'였다. 할아버지께서는 "여자를 학교 보내면 집안 망한다"며 어머니의 공부를 허락하지 않으셨다고 한다.

어머니는 태어나서 단 한 번도 학교 문턱을 넘어본 적이 없으셨다. 평생 글자라고는 'ㄱ'자 하나도 모르셨고, 기본적인 숫자 계산조차 배우지 못하셨다.

양동시장의 어머니

글도 모르고 셈도 모르는 어머니는 양동시장에서 생선과 과일 장사를 시작하셨다. 새벽 찬 바람을 맞으며 나가, 하루 종일 추위와 싸우고 생선 비린내를 이고 사셨다. 어린 자식들 뒷바라지를 해야 한다는 절박함이 어머니를 그 자리에 세웠다. 나를 먹이기 위해, 나를 입히기 위해, 나를 키우기 위해 어머니는 매일 시장에 나가셨다.

나를 채찍질한 것

어머니의 고단한 삶, 그것이 바로 나를 채찍질했고, 내가 치열하게 공부할 수 있었던 이유가 되었다. 책상 앞에 앉아 있으면 어머니가 보였다. 새벽 시장에 나가시는 어머니, 무거운 짐을 이고 가시는 어머니, 굽은 등으로 일하시는 어머니가 보였다.

'나는 공부라도 할 수 있잖아.' '어머니는 배우고 싶어도 배울 수 없었잖아.' 그 생각이 나를 책상에 붙들어 놓았다.

기적 같은 일

지금 생각해도 기적 같은 일이다. 숫자 '1, 2, 3'이 어떻게 생겼는지도 모르고, 복잡한 곱셈 나눗셈을 배운 적도 없는데, 어머니는 어떻게 장사를 하셨을까.

공판장에서 물건을 떼어오고, 소매상들에게 팔아 남은 이문을 계산해야 하는 일이었다. 어머니는 단 한 번도 물건값을 틀리게 지불한 적이 없다고 하셨다.

어머니의 능력

처음에는 숫자를 모르니 속이려 드는 사람도 있었다. "아줌마, 이거 만 원이에요." 거짓말을 하는 사람도 있었다. 하지만 어머니는 놀라운 기억력과 뛰어난 '눈치'로 모든 거래를 머릿속으로 외우고 계산하셨다.

숫자를 모르면서도 정확하게 하셨다. 물건 개수를 세고, 값을 기억하고, 거스름돈을 계산하셨다. 틀린 적이 없었다. 그래서 오히려 공판장에서 어머니에게는 외상까지 주었다고 한다.

상인들의 감탄

"어떻게 글도 모르는데 저리 정확할까." 상인들이 혀를 내두르던 목소리가 아직도 귓가에 들리는 듯하다.

그것은 단순한 계산 능력이 아니었다. 평생을 정직함과 책임감으로 살아온 어머니의 삶 그 자체가 만들어낸 신뢰의 마법이었다. 한 번도 속인 적이 없고, 한 번도 거짓말한 적이 없는 어머니였기에 사람들이 믿었던 것이다.

시험지를 바라보시던 눈빛

글을 모르셨기에, 혹여나 내가 시험 점수라도 잘 받아 오면 어머니는 그저 대견한 눈으로 종이만 바라보셨다. 그 시험지에 무슨 글자가 적혀 있는지, 어떤 문제를 풀었는지는 모르셨다.

하지만 그 눈빛에는 모든 것이 담겨 있었다. '단 한 번만이라도 공부를 해봤으면...' 어머니의 속 깊은 소망이 나를 통해 이뤄지기를 바라는 마음, 그 간절함이 나를 책상 앞에 앉게 했고, 포기하고 싶을 때마다 나를 다시 일으켜 세웠다.

전기기계공고 합격

그렇게 몇 개월을 혼자 공부했다. 하고 또 하고 했다. 그리고 드디어 시험을 봤다. 떨렸다. 하지만 최선을 다했다. 그리고 결과가 나왔다. 합격이었다. 전남기계공고에 합격했다. 어머니께 달려갔다. "엄마, 합격했어요!" 어머니가 웃으셨다. "그래, 우리 아들 잘했다." 합격증을 보여드렸다. 어머니는 글을 모르셨지만, 그 종이를 소중히 어루만지셨다.

가장 치열했던 시간

내 인생의 가장 치열했던 시간은 어머니의 억척스러운 삶이 만들어낸 가장 빛나는 결실이었다. 서울에서의 8개월이 나를 단단하게 만들었다면, 어머니의 사랑은 나를 다시 일으켜 세웠다. 그리고 어머니의 삶, 평생 배우지 못한 그 한은 내가 공부하는 이유가 되었다.

혼자서 공부하는 것은 어려웠다. 처음에는 까막눈처럼 아무것도 몰랐다. 하지만 하고 또 하고 하니 공부가 되었다. 그리고 마침내 합격했다.

하늘나라의 어머니

이제는 저 세상 하늘나라에서 나를 보고 계시지만, 돌아가셔서 더 이상 볼 수 없는 어머니의 따뜻했던 손길과 그 고단했던 삶을 깊이 깊이 감사드립니다.

새삼 깨닫는다.

내가 지금 숨 쉬고 살아가고 있는 이 모든 순간이,

오직 우리 어머니가 아버지가 계셨기에 가능한 일임을.
어머니의 넓고 한없는 사랑이 온 누리에 가득 퍼져 나를 감싸고 있음을.

그 어머니가 하셨던 그 말씀이 나를 지탱하고 있다.

나의 모든 빛이 너를 지켜 줄 것이다.

오늘도
문득, 너무나도 보고 싶고 또 보고 싶은 우리 어머니. 어머니의 자랑스러운 자식으로 이 삶을 충실히 살아가겠습니다.
어머니가 평생 이루지 못한 꿈을 내가 이루겠습니다.

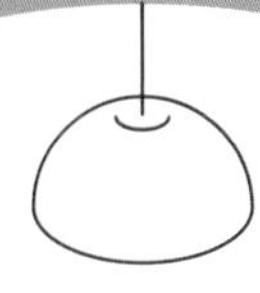

만남.7장

교련복, 청춘의 꿈을 입다

교련복, 청춘의 꿈을 입다

합격 – 내 이름 석 자

드디어 합격 발표일이 왔다. 게시판 앞, 사람들 사이를 비집고 들어갔다. 한 줄 한 줄 내려가며 찾았다.

'백승수'

세 글자가 보였다. 손가락으로 한 글자 한 글자 더듬었다. '백', '승', '수'. 꿈이 아니었다.

전남기계공업고등학교 합격!

손이 떨렸다. 눈물이 났다.

가장 행복했던 순간

사람들이 묻는다. 인생에서 가장 행복했던 순간이 언제였느냐고.

나는 주저 없이 대답한다. 바로 그날이었다고. 합격자 명단 앞에서 내 이름을 확인하던 그 순간이었다고.

그것은 단순한 합격이 아니었다. 방황으로 얼룩진 과거를 끝내고, 어머니께 드릴 수 있는 첫 번째 선물이었다.

서울역 쓰레기통 앞에서 떨던 15살 소년이, 목욕탕에서 도망치던 소년이, 주유소에서 구둣발에 차이던 소년이, 이제 당당한 학생이 되는 것이었다.

교련복을 입다

길을 지나다 교련복을 입은 학생들을 볼 때마다, 나는 발걸음을 멈추고 바라보곤 했다.

'나도... 저렇게 될 수 있을까?'

교련복은 평범한 학교생활, 평범한 청춘을 상징했다. 거리를 헤매던 아이에게, 그것은 닿을 수 없는 선망의 대상이었다.

처음으로 교복을 받아 입었을 때, 꿈만 같았다. 거울 앞에서 한참을 서 있었다. 거울 속에 교련복을 입은 학생이 서 있었다. 16살 소년이 아니라, 고등학생이 서 있었다.

당당한 발걸음

첫 등교 날 아침, 교복을 입고 가방을 메고 집을 나섰다.

그날의 발걸음은 달랐다. 더 이상 거리를 헤매는 아이가 아니었다. 학교라는 울타리 안에서 배움의 길을 걷는 학생이었다.

15살에 서울역의 그 추위, 그 배고픔, 그 외로움이 떠올랐다. 하지만 이제는 달랐다.

나는 학생이었다. 당당한 학생이었다.

어머니의 선물, 네 권의 책

어머니가 어렵게 사주신 책이 네 권 있었다. 성문종합영어, 수학 전과, 그리고 두 권의 참고서.

"이거 가지고 열심히 공부해라. 엄마는 다른 건 못해줘도, 이건 꼭 사주고 싶었다."

양동시장에서 생선 장사를 하시며 모은 돈이었다. 새벽 찬바람을 맞으며, 하루 종일 서서 일하시며 모은 돈이었다.

나는 그 책들을 소중히 다뤘다. 밑줄을 긋고, 메모를 하고, 반복해서 읽었다.

사라진 책

어느 날, 교실에 돌아왔을 때 서랍을 열었다. 비어 있었다. 네 권의 책이 흔적도 없이 사라져 있었다.

심장이 덜컥 내려앉았다. 어머니의 얼굴이 떠올랐다.

담임 선생님께 달려갔다. 선생님은 반 아이들을 모으셨다.

"내일까지 가져다 놓으면 선처하겠다."

하지만 다음 날도, 그 다음 날도 책은 돌아오지 않았다.

억울함과 허탈함에 온몸의 힘이 빠져나갔다. 어머니께 뭐라고 말씀드려야 할지 막막했다.

그저 텅 빈 서랍만 바라볼 뿐이었다.

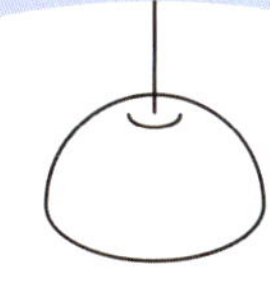

만남.8장

어둠 속의 학교에서 만난 폭력

어둠 속의 학교에서 만난 폭력

사라진 책, 그리고 더 큰 두려움. 텅 빈 서랍

책이 돌아오지 않았다. 일주일이 지났다. 이주일이 지났다. 서랍은 여전히 텅 비어 있었다. 어머니께는 말씀드릴 수 없었다. 얼마나 고생해서 사주신 책인데, 그 소중한 책을 잃어버렸다고 어떻게 말씀드리랴. 입학한 지 얼마 되지 않았는데. 혼자 공부해서 겨우 합격했는데. 교련복을 입고 당당하게 학교에 다니는데. 그런데 책을 잃어버렸다고.

도서관에서

그날도 늦게까지 도서관에 남아 공부를 하고 있었다. 친구 한 명과 함께였다. 책이 없어서 친구 책을 빌려 보며 공부했다. 도서관에 있는 참고서를 봤다. 밤늦게까지 공부했다. 도서관 문이 닫힐 시간이 되어 집으로 향했다.

어두운 골목길

어두컴컴한 골목길이었다. 가로등 불빛도 희미했다. 친구와 나란히 걸었다. 집으로 가는 길이었다. 갑자기 누군가 앞을 가로막았다. 멈춰 섰다. 누군지 알아봤다. 우리 반에서 덩치가 크고 무섭기로 소문난 녀석이었다. 그의 눈빛은 서늘했다. 무서웠다.

책 도둑?

"너, 그 책 내가 훔쳤다고 선생님한테 일렀냐?" 나는 입이 떨어지지 않았다. 친구는 내 옆에서 긴장한 표정으로 서 있었다. "아니야, 나는 그냥..." "시끄러워. 따라와." 도망갈 수 없었다. 그는 우리를 인적이 드문 곳으로 끌고 갔다. 산 속 묘지가 있는 곳이었다. 어둠이 짙게 깔려 있었다. 주변에는 아무도 없었다.

폭력

갑자기 그가 나를 밀쳤다. 균형을 잃고 넘어졌다. 일어나려는데 발길질이 날아왔다. "감히 선생님한테 일러? 네가 뭔데?" 가슴을 맞았다. 아팠다. 서울에서 주유소에서 맞던 것이 떠올랐다. 구둣발이 떠올랐다. 하지만 그보다 더 충격적인 광경이 눈앞에 펼쳐졌다. 그가 내 친구를 때리기 시작한 것이다. 나보다 더 거칠게, 더 잔인하게.

친구가 맞다

"왜요? 얘는 아무 상관도 없는데..." "닥쳐!" 친구가 맞았다. 소리가 났다. 둔탁한 소리가 났다. 친구가 신음했다. 나는 아무것도 할 수 없었다. 그저 서 있을 뿐이었다.

칼

그때 그의 주머니에서 뭔가 반짝이는 게 보였다. 칼이었다. 작은 칼이었지만, 어둠 속에서 그것은 공포 그 자체였다. 나는 얼어붙었다. 칼을 든 그 앞에서 나는 아무것도 할 수 없었다. 친구가 맞는 소리가 들렸다. 신음 소리가 들렸다. 하지만 나는 움직일 수 없었다.

두려움

칼이 무서웠다. 맞는 것도 무서웠다. 하지만 그보다 더 무서웠던 것은 친구를 지켜주지 못하는 내 자신이었다. 나는 비겁했다. 겁쟁이였다. 친구가 내 대신 맞고 있는데, 나는 그저 서 있을 뿐이었다.

그가 사라진 후

한참을 때린 후에야 그는 우리를 놓아줬다. “다음엔 더 심하게 해줄 거야. 입 조심해.” 그가 사라진 후, 나는 친구에게 다가갔다. 친구는 얼굴이 부어 있었고, 입술이 터져 있었다. “미안해... 정말 미안해...” 친구는 아무 말도 하지 않았다. 그냥 일어나서 집으로 걸어갔다. 나도 걸었다. 집으로 걸어갔다.

잠 못 이루는 밤

그날 밤, 나는 잠을 이룰 수 없었다. 친구의 얼굴이 계속 떠올랐다. 부은 얼굴, 터진 입술, 신음 소리가 귓가에 맴돌았다. 내가 더 용감했더라면, 내가 더 강했더라면 친구를 지켜줄 수 있었을 텐데. 나는 나 자신이 한없이 부끄러웠다. 창피했다. 비겁했다.

지워지지 않는 상처

그 기억은 지금까지도 지워지지 않는 깊은 상처로 남아 있다. 나를 때리는 폭력보다도, 나 때문에 고통받는 친구를 보며 느낀 아픔이 훨씬 더 컸다. 책을 잃어버린 것도 억울했다. 하지만 그보다 더 아팠던 것은 친구를 지키지 못한 나 자신이었다.

학교라는 교실

학교는 단순히 지식을 배우는 곳이 아니었다. 그곳은 치열한 경쟁과 따뜻한 우정, 그리고 예상치 못한 폭력이 공존하는 작은 사회였다. 인간의 본성과 사회의 냉혹함을 배우는 또 다른 교실이었다. 나는 그 작은 공간에서 많은 것을 배웠다. 우정의 소중함을 배웠고, 동시에 인간의 잔인함과 약한 자의 비참함도 목격했다. 용기가 무엇인지, 비겁함이 얼마나 아픈지도 알게 되었다.

단단해지다

하지만 그 모든 경험들이 나를 더욱 단단하게 만들었다. 아프고 힘들었지만, 그것들은 어른으로 성장하는 데 필요한 소중한 밑거름이 되었다. 서울에서의 8개월이 나를 단단하게 만들었다면, 학교에서의 경험들은 나를 더 강하게 만들었다. 맞으면서, 울면서, 후회하면서, 나는 자랐다.

닦고 조이고 기름치던 시절

"닦고 조이고 기름치자." 전남기계공업고등학교의 모토였다. 실용적이고 직접적인 교육이었다. 나는 그 속에서 기계설계 분야에 몰두했다. 학창 시절의 기억은 온통 책과 도면, 그리고 기계들로 채워져 있다. 친구들과의 추억이나 다른 활동보다는, 오직 기술을 익히고 지식을 쌓는 것에 집중했다.

힘들었지만

힘들지 않았냐고? 물론 힘들었다. 책도 잃어버렸다. 폭력도 당했다. 친구를 지키지 못한 죄책감도 있었다. 하지만 나는 이 모든 시간이 내게 주어진 소중한 기회라고 여겼다. 방황하던 시간을 만회할 기회, 어머니께 더 큰 선물을 드릴 수 있는 기회였다.

자격증

기계설계 자격증을 땄을 때, 그 시절에는 자격증 하나만 있어도 많은 회사들이 우리를 기다리고 있었다. 친구들은 하나둘씩 좋은 회사에 취업했다. "너도 취업해라." 친구들이 말했다. "좋은 회사 많아." 하지만 내 마음은 달랐다.

더 큰 꿈

회사보다는, 대학이라는 더 넓은 세상으로 가고 싶었다. 교련복이 내게 꿈을 꾸게 했듯, 이제는 더 큰 꿈을 향해 나아가야 할 때였다. 나는 고등학교 교과서뿐만 아니라, 대학 진학을 위한 교재

들을 구해 다시 밤을 새워 공부했다. 도서관이 문을 닫으면 가로등 불빛 아래서 책을 펼쳤다. 방황의 시간을 만회하고, 어머니께 더 큰 선물을 드리기 위한 나의 치열한 싸움은 계속되고 있었다.

소중한 순간들

지금 돌이켜보면, 그 시절의 모든 순간이 소중하다. 교문 앞에서 내 이름을 발견하던 그 기쁨도, 교련복을 처음 입던 떨림도, 책을 잃고 느낀 억울함도, 친구를 지키지 못한 부끄러움도, 밤을 새워 공부하던 치열함도, 그 모든 것이 지금의 나를 만들었다.

교련복의 의미

교련복은 단순한 옷이 아니었다. 그것은 평범함을 꿈꾸던 한 소년의 청춘이었고, 방황을 끝내고 새로운 삶을 향해 나아가던 발걸음이었다. 그리고 그 발걸음은 지금도 계속되고 있다.

쥐구멍에도 볕 들 날이 있다

고등학교를 졸업했다. 자격증도 땄다. 기술도 익혔다. 하지만 나의 꿈은 거기서 멈추지 않았다. 대학에 가고 싶었다. 더 배우고 싶었다. 더 넓은 세상을 보고 싶었다. 14살에 서울역 쓰레기통 앞에서 떨던 소년이, 이제는 대학을 꿈꾸고 있었다. 쥐구멍에도 볕 들 날이 있다고 했던가. 나에게도 그 날이 오고 있었다.

방황하는 청춘에서

돌이켜보면, 나는 한때 방황의 강을 헤매던 철없는 청년이었다. 15살에 집을 나갔다. 8개월 동안 떠돌았다. 목욕탕에서 일했고, 주점에서 일했고, 주유소에서 일했다. 맞고, 굶고, 얼었다. 학교는 나에게 갑갑한 우리였고, 세상은 나를 이해하지 못하는 적대적인 공간처럼 느껴졌다. 그렇게 반항하며 시간을 허비하던 어느 날, 나는 어머니의 눈물을 보았다.

어머니의 눈물

말없이 흐르는 그 눈물 한 방울이 내 가슴을 찢었다. 어머니는 한마디 꾸짖음도 없이, 다만 눈물로 나를 기다리고 계셨다. 그 침묵의 무게가 천 마디 말보다 무겁게 내 어깨를 짓눌렀다. '이대로는 안 되겠구나.' 그날 이후, 나는 변하기로 결심했다. 누구를 위해서가 아니라, 나를 위해, 그리고 그렇게 오랜 시간 나를 기다려준 어머니를 위해서.

등불이 된 눈물

뒤늦게 잡은 책은 낯설었고, 공부는 고통스러웠다. 하지만 나는 포기하지 않았다. 어머니의 눈물이 내 앞길을 밝히는 등불이 되어주었다. 혼자 공부했다. 처음에는 쉽지 않았다. 하지만 하고 또 하고 하니 공부가 되었다. 합격했다. 교련복을 입었다. 학교에 다녔다. 자격증을 땄다. 그리고 이제, 더 큰 꿈을 꾸고 있다. 어머니의 눈물이 내 인생을 바꾸었다.

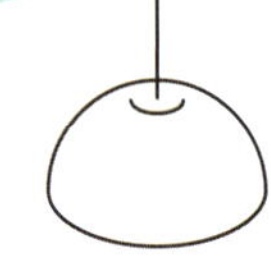

만남.9장

함께했던 시간 또 혼자가 된 순간

함께했던 시간 또 혼자가 된 순간

새로운 출발 – 졸업 후 S전자 입사

고등학교를 졸업했다. 자격증도 땄다. 기술도 익혔다. 대학에 가며 집안 형편은 여전히 어려웠다. 어머니는 여전히 양동시장에서 생선 장사를 하고 계셨다. 아버지는 여전히 장사로 고생하고 계셨다. 나는 결심했다. 일을 해야겠다. 돈을 벌어야겠다고 생각했다.

어머니의 말씀

어머니는 항상 말씀하셨다.

"돈을 벌어야 한다."

"돈이 없으면 너를 갈시한다(무시한다)."

"돈이 있어야 한다." 양동시장에서 채소를 팔며, 손이 얼어붙은 겨울에도, 땀이 비 오듯 흐르는 여름에도, 어머니는 항상 그 말씀을 하셨다.

어머니의 목소리에는 절박함이 묻어 있었다.

가난의 기억

신죽리에서 우리는 가난했다. 아버지는 안 계셨다. 어머니 혼자 4남매를 키우셨다. 쌀독이 비었다. 반찬이 없었다. 옷이 해졌다. 어머니는 새벽부터 밤까지 일하셨다. 그런데도 늘 부족했다. 그 가난이 어머니를 짓눌렀다.

"돈이 있어야 한다. 돈이 없으면 사람 취급도 못 받는다."

그 말이 내 안에

어머니의 그 말씀이 내 안에 깊이 박혔다.

돈을 벌어야 한다.

성공해야 한다.

인정받아야 한다. 15살에 서울로 갔을 때도, 회사에 입사했을 때도, 사업을 시작했을 때도, 항상 그 말씀이 내 안에 있었다.

'돈을 벌어야 한다. 성공해야 한다. 어머니를 편하게 해드려야 한다.'

평생을 달렸다

그래서 나는 평생을 달렸다. 쉬지 않고 일했다. 돈을 벌었다.. 회사를 키웠다. 더 많이, 더 높이, 더 빠르게. 마라톤을 달리듯, 쉬지 않고 앞으로만 나아갔다. 어머니 말씀이 맞았다. 돈이 있으니까 대접받았다. 돈이 있으니까 사람들이 인정했다. 돈이 있으니까 무시당하지 않았다.

그럼 돈은 무엇일까.

치열한 노력 끝에 나는 졸업 후 S전자에 입사했다. 지금도 그때를 떠올리면 상상이 되지 않는다. 어떻게 그 방황하던 내가 그런 곳에 들어갈 수 있었을까. 15살에 서울역 쓰레기통을 뒤지던 소년이, 목욕탕에서 맞고 도망치던 소년이, 어떻게 대기업에 입사할 수 있었을까. 그것은 작으면서도 거대한, 인생이 내게 준 선물이었다.

안정적인 환경

대기업의 안정적인 환경은 편안했다. 큰 걱정 없이 열심히 일하며 내 자리를 지켜나갔다. 월급을 받았다. 처음 받은 월급을 어머니께 드렸다. "엄마, 이거 받으세요." 어머니가 우셨다. "그래, 우리 아들 다 컸구나." 가슴이 뭉클했다. 방황하던 시간을 만회하고 있었다. 어머니께 보답

하고 있었다.

마음 한구석의 갈증

하지만 마음 한구석에는 늘 새로운 것에 대한 갈증이 있었다. 안정이 주는 평온함 속에서도, 내 안의 어떤 목소리는 계속 속삭였다. '이게 전부는 아니야.' 회사 일은 잘했다. 승진도 했다. 과장이 되었다. 하지만 무언가 부족했다. 무언가 더 하고 싶었다.

PC방이라는 기회

회사 입사 7년 차가 되었을 무렵, 친구가 흥미로운 이야기를 꺼냈다. "요즘 PC방이라는 게 생기는데, 돈이 꽤 된다더라." 호기심에 이끌려 PC방 몇 군데를 둘러보았다. 구석진 건물 2층, 좁은 공간에 빽빽하게 놓인 컴퓨터들이 있었다. 모니터에서 뿜어져 나오는 푸른빛과 키보드, 마우스 소리가 뒤섞인 그곳은 내게 신선한 충격이었다. '나도 한번 해보면 좋겠다.'

새로운 불씨

단순한 호기심을 넘어, PC방 사업은 내 마음속에 새로운 불씨를 지폈다. 월급쟁이 생활의 안정감에 익숙해져 있던 내게, 이 작은 공간에서 돈을 벌 수 있다는 사실은 완전히 새로운 세계였다.

그렇게 나는 낮에는 회사에서 일하고 밤에는 퇴근 후 시간을 활용해 PC방 사업을 시작했다. 낮에는 아내가 운영하고, 퇴근 후에는 내가 교대하며 새벽까지 가게를 지켰다. 회사일로 녹초가 된 몸이었지만, 손님들을 응대하고 컴퓨터를 관리하며 밤늦게까지 일했다.

IMF의 시대

때마침 IMF라는 거대한 위기가 대한민국을 덮쳤다. 은행 대출 이자는 20%.

지금 생각하면 무모했지만 그때는 젊다는 이유 하나로 도전했고 그 사업을 시작했다. 나는 주저하지 않았다. 미래를 향한 막연한 확신과 젊음이 아니면 할 수 없는 일이라는 무모함이 나를 움직였다.

역설적이게도 IMF의 차가운 바람이 불던 시기, PC방은 오히려 불황을 모르는 듯 활기를 띠었다. 어쩌면 사람들이 현실의 어려움을 잠시 잊기 위해 게임이라는 탈출구를 찾았던 것인지도 모른다.

돈의 흐름을 배우다

그렇게 PC방 사업을 통해 돈의 흐름과 시장의 생리를 몸소 체험하며, 나는 확신했다. 언젠가 나만의 사업을 해야겠다고. 월급쟁이로는 한계가 있었다. 아무리 열심히 일해도 월급은 정해져 있었다. 하지만 사업은 달랐다. 내가 노력한 만큼, 내가 일한 만큼 결과가 나왔다.

단 한 사람의 응원

PC방 사업을 통해 돈의 원리를 깨달은 후, 나는 더 이상 월급쟁이로 머무를 수 없다는 확신을 갖게 되었다. 결국 회사를 그만두고 새로운 사업에 뛰어들기로 결심했다. 하지만 내 결심을 가족들에게 이야기했을 때, 돌아온 반응은 예상보다 훨씬 냉정했다.

"그렇게 좋은 회사를 왜 그만두려고 하느냐?"

부모님과 형제들은 한목소리로 나를 만류했다. 그들의 눈에는 안정된 대기업 과장 자리를 박차고 나가는 내가 철없는 사람으로 보였을 것이다.

그들의 걱정 어린 시선과 만류가 비수처럼 가슴에 박혔지만, 내 마음속에 타오르는 불꽃을 끌 수는 없었다.

아내의 말
모두가 반대하는 그 순간, 유일하게 내 편이 되어준 사람이 있었다.
바로 내 아내였다.
아내는 조용히 내 손을 잡고 말했다.
"당신이 하고 싶은 일이라면, 망해도 괜찮아. 내가 옆에서 같이 고생할게."
그 한마디는 단순한 응원을 넘어선 깊은 신뢰와 용기였다.

나 혼자만의 외로운 싸움이라고 느꼈던 순간, 아내의 지지는 내게 그 어떤 보물보다 소중한 힘이 되어주었다.

깨달음
한 사람의 진심 어린 응원이 얼마나 큰 위로가 되는지, 내가 하는 일을 누군가 인정해 주는 것이 얼마나 감사한 일인지 그때 깨달았다.

정동 식당에서 사람들이 "집에 가라"고 말해줬을 때, 어머니가 두 팔 벌려 안아주셨을 때, 그때의 따뜻함이 다시 떠올랐다. 아내도 그랬다. 나를 믿어주었다.

비행기가 이륙하기 전의 저항
새로운 길은 결코 쉽지 않았다. 마치 비행기가 하늘로 오르기 전, 거센 바람과 저항을 온몸으로 견뎌내야 하는 것처럼 나는 밤낮없이 일에 매달렸다. 하루하루가 녹초가 되는 시간의 연속이었다.
잠을 쪼개가며 제품을 테스트하고, 수십 번의 실험을 반복했다. 단 한 번의 성공도 쉽게 찾아오지 않았다. 수많은 실패와 좌절 속에서도 나는 포기할 수 없었다. 가족들의 걱정과 아내의 믿음을 떠올리며, 내 안의 열정을 다시 불태웠다.

성공의 순간

마침내 제품이 제대로 동작하기 시작하고, 조금씩 매출이 오르며 시장에서 우리 제품이 인정받는 순간, 그제야 한숨 돌릴 수 있었다. 안정적인 월급을 포기하고 선택한 도전이었지만, 내 손으로 일군 성공은 그 어떤 것과도 바꿀 수 없는 짜릿한 희열을 안겨주었다.

쥐구멍에도 볕 들 날이 있다

6천만 원으로 시작한 사업이 1억 원의 매출을 올리고, 3년 만에 3억 원짜리 대규모 주문을 받게 되었다. 정말 꿈만 같은 일이었다. 은행 대출까지 받아가며 모든 제품을 납품했을 때의 희열과 성취감은 이루 말할 수 없었다.

청천벽력

하지만 세상의 모든 사업은 그렇게 만만하지 않았다. 희망에 부풀어 있던 우리에게 청천벽력 같은 소식이 날아들었다.

납품한 지 불과 6개월 만에 3억 원어치 제품 전체에 문제가 발생했다는 통보였다.

콘센트 전압 과부하로 인해 화재 위험이 있다는 것이었다. 거래처는 모든 제품을 즉시 교체해주지 않으면 다른 업체를 찾겠다고 했다.

암담함

정말 앞이 캄캄했다. 이 작은 회사가 3억 원이라는 막대한 비용을 감당하며 제품 전체를 교체한다는 것은 상상조차 할 수 없는 일이었다. 하지만 나는 포기하지 않았다.

'쥐구멍에도 볕 들 날이 있다.' 그 심정으로 한 달 안에 교체를 요구하는 거래처에 직접 찾아가 정중히 협상을 요청했다.

"3개월의 시간을 주신다면, 모든 제품을 완벽하게 교체해 드리겠습니다."

3개월의 시간

그들은 우리의 절박한 상황과 진심을 알아주었고, 3개월의 시간을 허락해 주었다. 우리는 밤낮없이 문제 해결에 매달렸다.

제품을 회수하고, 원인을 분석하고, 새로운 부품을 공수해 다시 제작하는 과정을 반복했다. 그야말로 암흑 같은 시간이었다. 하지만 3개월 후, 우리는 약속대로 모든 제품을 완벽하게 교체해주었다. 그제야 비로소 한숨 돌릴 수 있었다.

위기는 기회였다

이 경험을 통해 나는 사업의 진정한 본질을 깨달았다. 회사를 운영하다 보면 수많은 문제를 만나게 되며, 그 문제를 어떻게 해결하느냐에 따라 회사의 운명이 결정된다는 것을. 3억 원짜리 프로젝트의 위기는 단순한 금전적 손실을 넘어, 나의 회사의 진정한 가치를 증명하는 시험대였다.

그날의 위기는 내게 '어떤 어려운 문제라도 해결할 수 있다'는 자신감을 심어주었다. 그리고 이 경험은 나의 회사가 시장에서 인정받고 성장하는 가장 큰 밑거름이 되었다.

더 큰 신뢰

거래처는 나의 책임감과 문제 해결 능력을 높이 평가했고, 오히려 더 큰 신뢰를 보내주었다. 위기를 정면으로 돌파한 그 경험이 나를 더 강하게 만들었다. 지금 나는 안다. 사업은 멈추지 않는 도전의 연속이며, 진정한 성공은 위기를 극복하는 과정에서 얻어지는 귀한 선물이라는 것을.

한때 방황하던 소년이 어머니의 눈물로 깨어났고, 안정된 직장인이 새로운 꿈을 향해 날개를 펼쳤으며, 작은 사업가가 위기 속에서 진짜 기업인으로 성장했다.

그 길의 시작에는 언제나 나를 믿어준 아내의 따뜻한 응원이 함께하고 있었다. "망해도 괜찮아." 라고 말해준 그 한마디가 내게는 세상 어떤 자본보다 큰 힘이었다.

앞으로도 끊임없는 도전과 열정으로 더 넓은 세계로 나아갈 것이다. 이제 나는 단순한 직장인이 아닌, 내 삶의 항로를 스스로 개척하는 사업가다. 그리고 나는 믿는다. 아무리 어두운 쥐구멍 같은 순간에도, 반드시 볕 들 날이 온다는 것을. 중요한 것은 그 순간을 포기하지 않고 견뎌내는 것이었다.

나도 지금 어두운 터널을 지나고 있다면, 터널의 끝에는 반드시 빛이 있다는 것을 믿어야 한다. 그리고 그 빛을 향해 한 걸음씩 나아가는 용기만 있다면, 나는 반드시 나만의 햇살을 만날 수 있을 것이다.

사업이라는 거친 바다에서, 나는 매일 온몸으로 파도를 헤쳐 나갔다. 밤낮의 구분이 무의미했다. 제품 하나에 모든 것을 걸었고, 위기가 찾아올 때마다 이를 악물고 버텼다.

뒤를 돌아보니

어느 날, 문득 뒤를 돌아보았다. 막혔던 길이 조금씩 뚫리고 있었다. '아, 이제 좀 살만 하겠구나.' 가슴속에서 안도감이 피어올랐다. 그동안의 고생이 보상받는 듯했고, '나는 해낼 수 있다'는 작은 믿음이 단단한 씨앗처럼 마음속에 자리 잡았다. 이젠 나도 사업가로서 자리를 잡을 수 있겠다는 희망이 생겼다.

하지만 인생은 내 계획대로 흘러가지 않았다. 사업의 위기보다 훨씬 더 거대하고, 내가 감히 손 댈 수 없는 폭풍이 내 삶의 한가운데로 몰아쳤다.

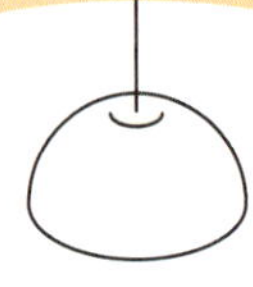

만남.10장

사랑하는 사람 하늘나라로

사랑하는 사람 하늘나라로

어느 날, 문득 뒤를 돌아보았다. 막혔던 길이 조금씩 뚫리고 있었다.
'아, 이제 좀 살만 하겠구나.' 가슴속에서 안도감이 피어올랐다.
그동안의 고생이 보상받는 듯했고, '나는 해낼 수 있다'는 작은 믿음이 단단한 씨앗처럼 마음속에 자리 잡았다.

이젠 나도 사업가로서 자리를 잡을 수 있겠다는 희망이 생겼다. 그래서 오랜만에 가족과 시간을 보내기로 했다. 놀이공원에 갔다.

행복한 순간
놀이공원 회전목마에서 아이들이 손을 흔들었다. 아내가 내 팔을 잡으며 웃었다.
"여보, 우리 이제 좀 살만 해졌죠?"
회사가 자리를 잡았다. 빚도 갚아가고, 주말에 가족과 시간을 보낼 여유가 생겼다. 나는 그 순간이 영원할 줄 알았다. 15살에 서울역 쓰레기통을 뒤지던 소년이, 이제는 가족과 놀이공원에 올 수 있는 사업가가 되었다.
행복했다. 정말 행복했다.

그로부터 한 달 후, 아내가 말했다. "여보, 자꾸 어지러워." 걱정이 되었다. 동네 병원에서 검사를 받으니 의사가 말했다. "B형 간염이네요. 약 드시고 관리하시면 됩니다." 의사는 담담했고, 우리는 안심했다. 간염이라면 관리할 수 있는 병이니까.

약국에서 약을 받아 나오며 아내가 말했다. "괜히 걱정했네. 약 먹으면 되는 거였어." 나도 웃으며 고개를 끄덕였다. 큰일은 아니라고 생각했다.

2주 후

2주 후, 아내가 계단에서 쓰러졌다. 119를 불렀다. 응급실로 갔다. 검사를 받았다. 대학병원으로 이송되었다. 더 정밀한 검사를 받았다. 그리고 의사가 나왔다. "백혈병입니다." 대학병원 의사의 입에서 나온 그 세 글자가 내 세계를 무너뜨렸다.

병실에서

아내는 병실 침대에 누워 창밖을 바라보았다. 나는 아내의 손을 잡았다. 손이 차가웠다. "괜찮아질 거야." 내 목소리는 떨렸다. 아내는 아무 말도 하지 않았다. 그저 내 손을 꼭 잡았다. 창밖에는 햇살이 비치고 있었다. 하지만 병실 안은 어두웠다.

그날 밤

그날 밤, 병원 복도 의자에 앉아 깨달았다. 내가 쌓아 올린 성공, 돈, 회사, 그 모든 것이 지금 이 순간에는 아무 쓸모가 없다는 것을. 사업은 노력하면 성공시킬 수 있었다.

3억 원짜리 위기도 극복했다. 하지만 생명은, 사랑하는 사람의 생명은 내 의지가 닿지 않는 곳에 있었다. 돈으로 살 수 없는 것이 있었다. 노력으로 바꿀 수 없는 것이 있었다.

혈소판 기증자를 찾아서

의사가 말했다. "적합한 혈소판 기증자를 찾아야 합니다." 다음 날부터 미친 듯이 움직였다. 가족들부터 검사를 받았다. 친구들에게 연락했다. 모두 기꺼이 왔지만, 맞지 않았다. 교회에 갔다.

목사님이 주보에 공지를 넣어주었다. 이름도 모르는 교인들이 줄을 섰다. “기도하겠습니다. 꼭 낫기를 바랍니다.” 군부대에도 찾아갔다. 20대 군인들이 소매를 걷어붙였다. “도울 수 있다면 해드려야지요.” 한 병사가 말했다. 나는 그들에게 90도로 고개를 숙였다.

100명이 넘는 사람들

100명이 넘는 사람들이 검사를 받았다. 계속 검사를 했다. 하지만 맞는 사람이 없었다. 절망적이었다.

어느 날. “매형!” 둘째 처남이 병원 복도를 뛰어왔다. 숨이 차 있었다. “제 혈소판이... 맞다고 합니다!” 처남의 눈에 눈물이 맺혔다. 나도 울었다. 복도에서 처남을 껴안고 한참을 울었다.

희망

병실로 뛰어갔다. “여보! 됐어! 처남이랑 맞았어!” 아내가 처음으로 슬쩍 웃는 모습이 떠오른다. 희미했지만, 분명 웃으면서도 걱정하는 모습이었다.

의사가 말했다. “이식하면 살 수 있습니다.” 그 한마디가 내게는 세상 전부였다. 희망이 생겼다. 살 수 있다. 아내가 살 수 있다.

수술

3일 후 수술이 진행되었다. 수술실 문이 닫혔다. 3시간이 지났다. 복도를 걸었다. 4시간이 지났다. 창밖을 봤다. 5시간이 지났다. 기도했다. 수술실 문이 열렸다. “수술은 성공했습니다.”
가슴이 뛰었다. “하지만 3일이 고비입니다. 새로운 피가 만들어지는 과정을 몸이 견뎌내야 합니다.”

3일의 기다림

뜬눈으로 3일을 지켰다. 중환자실 유리창 너머로 아내를 바라보았다. 기계 소리가 규칙적으로 울렸다. 삐- 삐- 삐- 그 소리를 듣고 또 들었다. 살아있다는 증거였다. 그 소리가 계속 들리기를 바랐다.

3일째 되는 날

의사가 나왔다. 표정을 보고 알았다. 나쁜 소식이었다. "죄송합니다."

삐————. 길고 긴 소리가 들렸다. "혈소판은 맞았잖아요... 처남 거..." "네, 일치했습니다. 하지만 이미 약해진 몸이 이식 과정을 견디지 못했습니다. 최선을 다했습니다. 정말... 죄송합니다."

중환자실로

중환자실로 뛰어갔다. "여보..." 아내는 눈을 뜨지 못했다. 손을 잡았다. 차가웠다. "여보, 깨. 제발 깨." 하지만 아내는 대답하지 않았다.

다음 날 새벽

"삐————" 길고 긴 모니터 소리가 울렸다. 그 소리와 함께, 모든 것이 끝났다. 복도에 주저앉았다. 차가운 바닥이 느껴졌다. 아무것도 느껴지지 않았다. 세상이 멈춘 것 같았다.

처남과 함께

"매형..." 둘째 처남이 달려왔다. 그도 무릎을 꿇었다. "제 혈소판이 맞았는데... 왜... 제가 뭘 잘못한 건가요..." 처남이 울었다. "아니야." 처남의 어깨를 잡았다. "네 덕분에 희망을 가질 수 있었어. 네가 없었다면 그 희망조차 없었을 거야. 고마워. 정말... 고마워."

우리는 새벽 병원 복도에서 한참을 울었다. 아침 햇살이 창문으로 들어왔다. 하지만 우리는 어둠 속에 있었다.

멈춰 선 삶
아내가 떠난 후, 내 삶은 완전히 멈춰 섰다. 매일 함께 밥을 먹던 식탁에는 이제 빈 그릇 하나만 덩그러니 놓여 있었다.

아내의 흔적이 사라진 빈집의 고요함은 밤마다 나를 덮쳐왔다. 가슴에는 커다란 구멍이 뚫린 것 같았다. 그 구멍은 어떤 것으로도 채워지지 않았다.

밥맛도, 잠도
밥맛도 잊었고, 잠도 오지 않았다. 밤이면 천장을 바라보며 같은 생각만 반복했다. '내가 무얼 잘못했을까. 왜 더 일찍 병원에 데려가지 않았을까. 내가 좀 더 벌어서 좋은 병원에 갔더라면, 내가 좀 더 신경 썼더라면...' 끝없는 죄책감의 굴레 속에서 나는 스스로를 갉아먹었다.
몸과 마음은 산산이 부서져 내렸고, 모든 것을 놓아버리고 싶은 무기력함이 나를 지배했다.

하지만 인생은
내 계획대로 흘러가지 않았다. 사업의 위기보다 훨씬 더 거대하고, 내가 감히 손댈 수 없는 폭풍이 내 삶의 한가운데로 몰아쳤다. 이제 좀 살만해졌다고 생각했던 그 순간, 모든 것이 무너졌다. 15살에 서울역에서 겪었던 추위보다, 목욕탕에서 맞았던 고통보다, 주유소에서 당했던 폭력보다, 3억 원짜리 위기보다, 이 상실이 더 컸다. 이번에는 극복할 방법이 보이지 않았다. 노력으로, 의지로, 돈으로 해결할 수 없는 일이었다. 아내는 돌아오지 않았다.

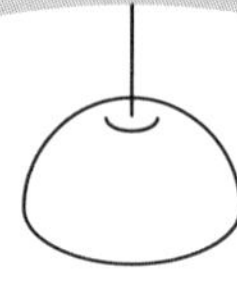

만남.11장

아내가 떠나고, 죽음의 문턱에서

아내가 떠나고, 죽음의 문턱에서

아내가 떠난 후, 내 삶은 완전히 멈춰 섰다. 매일 함께 밥을 먹던 식탁에는 이제 짝 잃은 그릇만 덩그러니 놓여 있었다.

아내의 흔적이 사라진 빈집의 고요함은 밤마다 나를 덮쳐왔다. 사람들이 왔다. 위로했다. "힘내세요." "시간이 약입니다." "아이들을 위해서라도..." 하지만 아무 말도 귀에 들어오지 않았다.

오직 아내의 얼굴만 떠올랐다. 병실에 누워 있던 모습, 마지막으로 손을 잡았던 순간, "사랑해요..."라고 말하던 그 목소리만 들렸다.

동굴 속으로

나는 점점 동굴 속으로 들어가고 있었다. 세상과 멀어졌다. 빛이 사라지고 어둠만 남았다. 사람을 만나기 싫었고, 전화를 받기 싫었고, 밖에 나가기 싫었다. 그냥 혼자 있고 싶었다. 아내 생각만 하고 싶었다.

잠 못 이루는 밤들

잠이 오지 않았다. 하루 2시간만 잤다. 눈을 감으면 아내가 보였다. 눈을 뜨면 빈자리가 보였다. 그렇게 밤을 새우고 또 밤을 새웠다. 나의 몸은 약해질 대로 약해졌다. 밥맛도 잃었고, 잠도 오지 않았다. 밤이면 천장을 바라보며 같은 생각만 반복했다. '내가 무얼 잘못했을까. 왜 더 일찍 병원에 데려가지 않았을까.'

몸의 변화

물을 먹어도 음식을 먹어도 흡수하지 못했다. 체중은 60kg에서 55kg으로 줄었다.

그리고 50kg이 되었다.

마침내 47kg으로 줄어들었다. 거울을 보니 뼈만 남아 있었다.

15살에 서울역에서 굶주렸을 때보다 더 말랐다. 지나가던 환자분들이 나를 보며 수군거렸다. "저 젊은 총각, 젊은 나이에 왜 저렇게 말라가고 있을까..." 슬픈 눈빛으로 나를 바라보았다.

정신병원 입원

끝내 견디지 못하고 정신병원에 입원하게 되었다. 그렇게 나는 낯선 길로 들어섰다. 몸과 정신은 점점 버틸 힘을 잃어갔다. 입원 초기, 나는 거의 기력을 잃은 상태였다. 체중은 60kg에서 47kg으로 앙상하게 말라 있었다.

하루 잠은 두 시간 남짓이었다. 몸의 자연스러운 기능마저 제멋대로였다.

의사의 진단

의사 선생님은 말씀하셨다. "교감신경과 부교감신경의 균형이 완전히 무너졌습니다. 어찌할 도리가 없습니다." 그 말을 듣는 순간, 알았다. 나는 죽어가고 있었다. 그때서야 나는 내 앞에 다가온 죽음을 실감했다.

억울함

'내가 이 세상에 해놓은 게 아무것도 없는데... 어떻게 해야 할까?' 이 생각은 너무도 억울했고, 마음을 짓눌렀다. 회사를 살려야 하는데, 아이들도 지켜야 하고, 어머니께 효도도 해야 하는데. 내 손으로 할 수 있는 것이 아무것도 없다는 현실이 나를 절망하게 만들었다.

15살에 집을 나갔다가 돌아왔다. 어머니께 보답하겠다고 다짐했다. 고등학교를 졸업하고, S전자에 입사했고, 사업도 시작했다. 이제 좀 살만해졌는데. 아내를 잃었고, 이제 나마저 죽어가고 있었다.

3일 밤낮의 기도

무너져가는 몸을 이끌고 나는 가까운 성당으로 갔다. 울며 통곡하듯 기도했다.

"하느님, 제가 해놓은 것이 아무것도 없습니다.
남은 일도 너무도 많습니다.
회사도 살려야 하고,
아이들도 지켜야 하고,
어머니께 효도도 해야 합니다.
단 10년만… 10년만 살게 해주세요."

눈물이 마르지 않았다. 3일 밤낮으로 기도하며 통곡했다. 몸과 마음은 지쳐갔지만, 마음속 깊은 곳에서는 아직 '살아야 한다'는 작은 불씨가 꺼지지 않고 있었다.

죽음의 순간

어느 날, 점심을 먹고 병실 침대에 누워 있는데 갑자기 가슴이 미친 듯이 뛰기 시작했다. 심장이 밖으로 튀어나올 것만 같았고, 온몸의 힘이 쭉 빠져나갔다. 간호사를 불러 청심환을 받아먹었지만 아무 소용이 없었다. 몸은 점점 혼미해졌고, 정신은 현실과 분리되는 듯한 감각이 밀려왔다.

이게 바로 죽음인가

직감적으로 알 수 있었다. 내 눈앞에는 거대한 안개가 가득한 통로가 나타났고, 나는 그 속으로 빨려 들어가는 듯했다.
죽음이란 대체 무엇일까?
삶의 마지막 순간에 다다르면 나는 어디로 가게 되는 걸까?
그것은 단순히 삶의 끝이 아니라,
지금까지 내가 쌓아온 모든 기억과 감정이 한데 뭉쳐 다른 차원으로 빨려 들어가는 듯한 느낌이었다.

희미한 의지

그 혼미 속에서도, 아주 희미하게나마 '살아야 한다'는 의지가 남아 있었다. 마치 심해의 바닥에서 솟아나는 작은 기포처럼, 혼미한 기억들 사이로 아이들의 해맑은 웃음소리, 어머니의 따뜻한 눈빛 같은 소중한 기억들이 되살아나기 시작했다.

기억을 붙잡다

나는 그 기억들을 필사적으로 붙잡았다. 15살에 서울역에서 추위에 떨던 기억, 어머니가 두 팔 벌려 안아주시던 기억, 정동 식당에서 따뜻한 밥을 먹던 기억, 합격자 명단에서 내 이름을 찾던 기억, 교련복을 처음 입던 기억, 아내가 "망해도 괜찮아."라고 말해주던 기억, 아이들이 놀이공원 회전목마에서 손 흔들던 기억. 그 모든 기억들을 붙잡았다.

신비한 경험

그리고 놀랍게도, 그 기억들을 붙들자 몸과 마음이 서서히 일어나는 신비한 경험이 계속되었다. 마치 끊어졌던 신경들이 다시 연결되는 듯한 느낌이었다. 호흡이 돌아왔다. 심장 박동이 안정되었다. 눈을 떴다. 병실 천장이 보였다. 살아있었다.

깨달음

그 불가사의한 경험을 통해 나는 깨달았다.
죽음이 단순히 끝이 아니라,
새로운 시작일 수도 있다는 희미한 가능성을.
그리고 살아야 한다는 것을. 아직 끝나지 않았다는 것을.

만남.12장

첫 번째 나비의 날갯짓:
웃음연구소 사람들과의 만남

첫 번째 나비의 날갯짓:
웃음연구소 사람들과의 만남

낯선 세계로의 초대

웃음연구소에서 만난 사람들은 또 다른 세계를 보여주었다.

그곳에는 각자의 상처를 안고 살아가는 사람들이 모여 있었다.

암 환자, 우울증을 앓는 사람, 사업 실패로 좌절한 사람, 가족을 잃은 사람들. 처음 그곳 문을 열었을 때, 나는 잠시 망설였다.

'내가 여기 와도 되는 걸까?'

처음에는 어색했다. '웃음치료'라는 말이 낯설었고, 억지로 웃는 것 같아 거부감도 들었다. 웃음으로 아픔을 치유한다? 그게 가능한 일일까? 나는 반신반의했다.

억지 웃음에서 진짜 웃음으로

첫 시간, 강사가 말했다.

"자, 이제 크게 웃어보세요. 하하하!"

사람들이 웃기 시작했다. 나는 따라 웃으려 했지만 입이 떨어지지 않았다.

어색했다. 우스운 것도 없는데 어떻게 웃는단 말인가.

하지만 시간이 지나면서 깨달았다.

여기서의 웃음은 행복해서 웃는 것이 아니었다. 슬픔을 견디기 위해, 고통을 이겨내기 위해, 살아있음을 확인하기 위해 웃는 웃음이었다.

"하하하하!"

크게 웃고, 길게 웃고, 온몸으로 웃었다.

처음에는 억지였다. 하지만 점점 진짜가 되어갔다. 웃다가 눈물이 났다. 웃음과 눈물의 경계가 모호해졌다. 어느 순간 깨달았다. 웃음과 울음은 같은 뿌리에서 나온다는 것을.

나만 아픈 줄 알았다

웃음연구소 사람들과의 만남은 회사 동료들과의 만남과 전혀 달랐다.

여기서는 누구도 성공을 자랑하지 않았다. 누구도 강한 척하지 않았다.

우리는 그저 서로의 약함을 인정하고, 그 약함 속에서 연대했다.

나는 처음에 생각했다.

'나만 아픈 줄 알았다. 나만 슬픈 줄 알았다.'

5년간 아내를 잃은 슬픔을 안고 살면서, 나는 세상에서 가장 불행한 사람이라고 생각했다.

내 아픔이 제일 크고, 내 상처가 가장 깊다고 믿었다.

하지만 웃음연구소에서 다른 사람들의 이야기를 들으며, 나는 깨달았다.

한 중년 여성이 말했다. 비타정 씨였다.

"남편이 암으로 떠난 지 3년이 됐어요."

그녀의 목소리는 떨렸지만 담담했다.

"처음엔 웃을 수가 없었죠. 거울을 보면 제 얼굴이 너무 무서웠어요. 눈은 푹 꺼지고, 입은 굳어 있고. 마치 귀신 같았어요."

사람들이 조용히 들었다.

"남편이 병원에 입원해 있을 때, 전 매일 웃으려고 노력했어요. 남편 앞에서만큼은 울면 안 된다고 생각했거든요. 그런데 정작 남편이 떠나고 나니까, 웃는 방법을 잊어버렸더라고요."

그녀가 잠시 말을 멈췄다.

"근데 여기 와서 웃다 보니까, 제가 아직 살아있다는 게 느껴지더라고요. 웃을 수 있다는 건, 아직 내가 죽지 않았다는 증거잖아요."

그녀의 말에 모두가 고개를 끄덕였다. 우리는 서로를 이해했다. 말하지 않아도 알았다.

나는 속으로 생각했다.

'3년... 나보다 2년 먼저 시작한 사람이구나. 저 사람도 견뎌냈다. 나도 견딜 수 있겠지.'

행복꿈 씨의 이야기

어느 날, 한 남자가 이야기를 나눴다. 행복꿈 씨였다.

"전 사업에 실패했습니다."

그는 50대 후반으로 보였다.

"30년을 일궈온 회사가 하루아침에 무너졌어요. 빚만 10억이 남았죠. 집도 팔았고, 차도 팔았고, 아내 명의로 된 것까지 다 팔았습니다."

그의 목소리에 힘이 없었다.

"제일 힘든 건... 사람들의 시선이었어요. '성공한 사업가'에서 '망한 사람'이 되는 거, 그게... 정말 견디기 힘들었습니다."

나는 숨을 죽이고 들었다.

"한 달에 한 번씩 우울증 약을 타러 병원에 갑니다. 하루에도 몇 번씩 죽고 싶다는 생각이 들어요. 근데 여기 와서 웃으면, 적어도 그 시간만큼은 살아있다는 느낌이 들어요."
그가 억지로 웃었다.
"하하하... 이렇게 웃으면, 제 안에 아직 뭔가 남아있다는 걸 확인하게 되더라고요."
나는 충격을 받았다. 내가 겪은 아픔보다 훨씬 큰 고통을 견디고 있는 사람이 있었다. 10억의 빚. 30년의 노력이 무너진 절망. 나는 적어도 빚은 없었다. 사업은 잘 돌아가고 있었다.

자작나무 씨의 이야기
또 다른 날, 한 여성이 조용히 말했다. 자작나무 씨였다.
"제 아들이... 자살했어요."
순간 방 안이 조용해졌다.
"스무 살이었어요. 대학 1학년이었죠. 어느 날 갑자기... 아무 예고도 없이..."
그녀의 눈에서 눈물이 흘렀다.
"전 5년 동안 제 방에서 나오지 않았어요. 커튼을 치고, 불을 끄고, 그냥 누워만 있었어요. 밥도 안 먹었어요. 씻지도 않았어요."
그녀가 떨리는 손으로 얼굴을 닦았다.

"남편이 억지로 저를 여기 데리고 왔어요. 처음 왔을 때 전 생각했죠. '이게 무슨 소용이야. 웃는다고 내 아들이 돌아오나.' 그런데..."
그녀가 우리를 바라봤다.
"여기서 웃다 보니까, 제 아들이 원하는 게 이게 아니었을까 싶더라고요. 엄마가 살아주는 거. 엄마가 웃어주는 거. 그게 아들이 진짜 원했던 게 아니었을까..."
나는 그녀의 이야기를 들으며 눈물을 흘렸다.
내 아픔보다 훨씬 깊은 상처가 있었다. 아내를 잃은 것도 아프지만, 자식을 잃은 아픔은... 상상조차 할 수 없었다.
나도 모르게 치유되고 있었다.
그렇게 한 사람 한 사람의 이야기를 듣다 보니, 나는 나도 모르게 그곳으로 스며들어 가고 있었다.
처음에는 관찰자였다. '저 사람들은 저렇게 힘든데도 웃네. 대단하네.' 하고 바라만 봤다.
하지만 시간이 지나면서, 나도 그들 중 한 사람이 되어 있었다.
어느 날, 내가 먼저 이야기를 꺼냈다.

"저도... 아내를 잃었습니다."
내 목소리가 떨렸다.
"5년 전이에요. 정신병원에도 입원했었고, 매일 죽고 싶었어요. 근데 여기 와서 다른 분들 이야기를 들으니까..."

나는 잠시 말을 멈췄다.
"제가 겪은 게 제일 큰 아픔인 줄 알았는데, 아니더라고요. 저보다 더 힘든 분들이 이렇게 많은데, 저보다 더 아픈 분들이 웃고 계시는데... 전 왜 계속 슬퍼하기만 했을까 싶었어요."
비타정 씨가 말했다.
"아니에요. 당신의 아픔도 충분히 큽니다. 비교할 필요 없어요."
행복꿈 씨가 덧붙였다.
"맞아요. 우리 각자의 아픔은 각자에게 다 100%예요. 남과 비교할 수 없는 거죠."
자작나무 씨가 내 손을 잡았다.
"여기서는 누구의 아픔이 더 큰지 비교하지 않아요. 그냥 서로의 아픔을 인정해주는 거예요."
그 순간, 나는 무언가 풀리는 느낌이 들었다.

웃음 속의 치유

그날 웃음치료 시간에, 나는 처음으로 진짜로 웃었다.

"하하하하하!"

억지가 아니었다. 정말로 웃음이 나왔다.

옆에서 김선희 씨가 웃고, 박철수 씨가 웃고, 이영희 씨가 웃었다. 우리 모두가 온몸으로 웃었다.

웃다가 울었다. 울다가 웃었다. 웃음과 눈물이 뒤섞였다.

그리고 깨달았다.

나는 다른 사람들의 아픔을 통해 치유되고 있었다.

김선희 씨의 3년, 박철수 씨의 10억 빚, 이영희 씨의 아들. 그들의 이야기를 들으며, 나는 내 아픔을 객관적으로 바라볼 수 있게 되었다.

'내 아픔도 크지만, 나만 아픈 건 아니구나.'

'저 사람들도 견디고 있는데, 나도 견딜 수 있겠구나.'

'우리 모두 상처받았지만, 우리 모두 여전히 살아있구나.'

새로운 깨달음

이 만남은 나에게 새로운 깨달음을 주었다.

진짜 만남은 성공을 나누는 것이 아니라, 연약함을 나누는 것이라는 깨달음을.

회사 동료들과 만날 때는 서로 강한 척했다. "사업 잘되지?" "응, 잘 돼." 그렇게 겉만 보여줬다.

하지만 웃음연구소에서는 달랐다. 우리는 서로의 약함을 드러냈다. "나 힘들어." "나도 힘들어." 그렇게 속을 보여줬다.

그리고 그 속에서 진짜 치유가 일어났다.

거울 효과

심리학에서 '거울 효과'라는 게 있다고 들었다.

다른 사람의 모습에서 나를 보게 되고, 그를 통해 나를 이해하게 된다는 것.

웃음연구소 사람들은 내게 거울이 되어주었다.

비타정 씨를 보며 생각했다. '3년을 견딘 저 사람처럼, 나도 5년을 견뎌왔구나.'

행복꿈 씨를 보며 생각했다. '10억 빚을 안고도 살아가는 저 사람에 비하면, 내 상황은 그래도 괜찮은 거구나.'

자작나무 씨를 보며 생각했다. '자식을 잃은 아픔을 견디는 저 분에 비하면, 나도 더 강해질 수 있겠구나.'

그들의 아픔이 내 아픔을 위로했다. 그들의 용기가 내게 용기를 주었다. 그들의 웃음이 내게 웃음을 허락했다.

집단 치유의 힘

나는 나도 모르게 치유되고 있었다.

혼자서는 절대 치유될 수 없었던 상처가, 함께 웃는 그 시간 속에서 조금씩 아물어가고 있었다.

웃음연구소에 6개월을 다니면서 나는 변했다.

처음에는 억지로 웃었다면, 이제는 진짜로 웃었다.

처음에는 다른 사람의 이야기를 듣기만 했다면, 이제는 내 이야기도 나눴다.

처음에는 나만 아픈 줄 알았다면, 이제는 우리 모두 아프다는 걸 알았다.

그리고 가장 중요한 깨달음.

우리 모두 아프지만, 우리 모두 살아있다는 것.

우리 모두 상처받았지만, 우리 모두 치유되고 있다는 것.

우리 모두 슬프지만, 우리 모두 웃을 수 있다는 것.

마지막 시간
웃음연구소에서의 마지막 날, 강사님이 말했다.
"여러분, 축하합니다. 여러분은 모두 졸업입니다."
우리는 서로를 바라보며 웃었다. 이제는 억지가 아닌, 진짜 웃음이었다.
"여러분이 여기서 배운 건 웃음이 아니에요. 살아가는 방법이에요. 아파도 웃을 수 있다는 것, 슬퍼도 살 수 있다는 것, 그걸 배운 거예요."

나는 고개를 끄덕였다.
"이제 나가서도 웃으세요. 혼자 있을 때도, 힘들 때도, 슬플 때도 웃으세요. 그게 여러분이 살아 있다는 증거니까요."
우리는 마지막으로 함께 웃었다.
"하하하하하!"
그 웃음 속에 눈물도 있었고, 아픔도 있었고, 치유도 있었고, 희망도 있었다.

연약함을 나누는 용기
웃음연구소를 나오면서, 나는 깨달았다.
진짜 용기는 강한척하는 게 아니라, 약함을 드러내는 것이라는 걸.
진짜 만남은 성공을 자랑하는 게 아니라, 연약함을 나누는 것이라는 걸.
진짜 치유는 혼자 감내하는 게 아니라, 함께 견디는 것이라는 걸.
나는 더 이상 혼자가 아니었다.

김선희 씨, 박철수 씨, 이영희 씨, 그리고 웃음연구소의 모든 사람들. 우리는 서로의 아픔을 나누며 함께 치유되었다.

그들의 아픔이 내 아픔을 위로했고,

그들의 용기가 내게 힘을 주었고,

그들의 웃음이 내게 희망을 주었다.

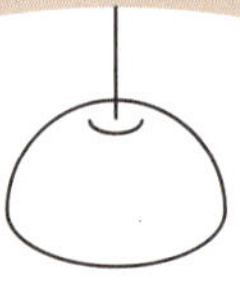

만남.13장

두 번째 나비의 날갯짓:
피앙세와의 만남

두 번째 나비의 날갯짓: 피앙세와의 만남

5년 만의 용기
다시 세상으로
평소 활동하던 율목CBMC의 신뢰하는 한 회원분에게 조심스럽게 물었다.
"혹시 주변에 저와 비슷한 분 있으면, 소개시켜 주실 수 있을까요?"

이 질문 하나에 얼마나 많은 망설임이 있었는지, 많은 밤을 뜬눈으로 지새웠는지 아무도 몰랐다. 5년간의 외로움에 마침표를 찍고 세상 속으로 다시 한 걸음 내딛겠다는, 나만의 조용한 다짐이었다.

양재역에서의 첫 만남
아무런 정보도 없었다. 나이도, 직업도, 어떤 사람인지도. 그저 '한번 만나보라'는 말 한마디에 양재역 근처의 한 커피숍으로 향했다.

양재역 정류장 앞 길에서 처음 만났다.
간단히 인사를 나눈 후 지하 커피숍으로 들어갔다.

첫인상이 참으로 소박했다. 어릴 때 시골을 떠올리게 하는 순수한 모습.
평범하고 꾸밈없는 그 모습이 오히려 내 마음에 와닿았다.

처음에는 서먹했다. 날씨, 교통, 평범한 대화로 시작했다.
나는 커피잔을 들었다 놓았다를 반복했다. 그녀도 마찬가지였다.
5년 만에 용기 내어 나온 자리였기에 두렵기도 하고 설레기도 했다.

진짜 나를 보여주다
조금씩 대화가 자연스러워지면서 지금 하는 일, 취미에 대해 이야기를 나눴다.
그러다 문득 내 안에서 용기가 솟아올랐다. 진짜 나를 보여주고 싶었다.

"제 이야기를 해도 될까요?"
어릴 때 집을 나갔던 이야기, 서울역에서 쓰레기통을 뒤지며 굶주렸던 이야기, 대학을 나와 회사에 들어갔던 이야기, 사업을 시작했던 이야기를 조심스럽게 꺼냈다.

그리고 가장 아픈 이야기
"5년 전에 아내를 잃었어요. 혼자 남겨졌을 때, 정말 살 수가 없었어요.
초등학교 1학년, 3학년... 손도 많이 가고 엄마의 손길이 절대적으로 필요한 나이의 아이들이었죠. 사업 초창기라 해야 할 일도 많았고, 혼자 아이들을 키우며 일을 병행하는 것은 쉽지 않았어요. 사람들은 위로한다고 했지만, 그 말들이 진심으로 들리지 않았어요."

혼자라는 것, 그것이 사람을 만나기 얼마나 어렵게 만드는지 그때 알았다.
처음 만났지만, 우리는 많은 이야기를 나눴다.

똑같은 5년
내 이야기가 끝나자, 잠시 침묵이 흘렀다. 그녀가 천천히 자신의 이야기를 꺼냈다.

"저도 5년 전에 남편을 하늘나라에 보내드렸어요."
그 말이 나왔을 때, 나는 커피잔을 든 채 멈춰 섰다.
5년. 똑같은 5년. 똑같은 아픔. 똑같은 고독의 터널을 지나온 두 사람이 지금 이 자리에 앉아 있었다. 참으로 신기할 뿐이었다.

"저도 비슷했어요."
그 말 한마디가 얼마나 큰 위로가 되었는지. 세상에서 나 혼자만 이런 아픔을 겪는 것 같았는데, 같은 길을 걸어온 사람이 바로 내 앞에 있었다니.

일상으로 돌아오다
무거운 이야기를 나눈 후, 우리는 자연스럽게 일상적인 이야기를 나눴다.
요즘 어떻게 지내는지, 주말에는 무엇을 하는지, 평범한 대화들이 이어졌다.

커피숍을 나설 무렵, 학창시절은 어땠는지, 젊을 때 어떤 시간을 보냈는지 이야기를 나누며 조금 더 일상적인 대화가 이어졌다.

그러다 자연스럽게 학교 다녔던 이야기도 나누게 되었다.
그녀가 살짝 말했다.
"저는 봉천동에서 학교를 다녔어요."
그냥 대수롭지 않게 한 이야기였지만, 나에게는 크게 다가왔다.

순간의 망설임
그 순간 내 머릿속에서 무언가가 빠르게 지나갔다. '봉천동... 그럼 명문대학일 가능성이 높겠구나.’ 학력, 배경 같은 것들이 순간적으로 스쳐 지나갔다.
중요하지 않다고 생각했지만, 나에게는 조금 크게 다가왔던 것 같다.

나는 한마디로 장돌뱅이처럼 살아온 사람이었다. 학교 그런 것이 중요하지 않았지만, 왠지 S대학이라고 하니 갑자기 마음이 가지 않았다.
나하고는 어울리지 않을 것 같은 무언가 거리감이 느껴지는 시간이었다.

왠지 S대학이라는 것이 마음에 걸림돌로 다가왔다.
괜히 마음 주었다가 다시 헤어지게 되면 마음이 편하지 않을 것 같았다.

지워지지 않는 기억
집으로 돌아오는 길, 나는 계속 그 만남을 되새겼다. 그녀의 목소리, 눈빛, 했던 말들이 머릿속을 맴돌았다. 지우려 해도 지워지지 않았다.

며칠이 지났다. 핸드폰을 들었다 내려놓기를 수십 번. 메시지를 쓰다가 지우기를 수십 번. 마음이 계속 흔들렸다.

결국 용기를 냈다. 메시지를 쓰고 또 지우고, 다시 쓰고 또 지웠다.
마침내 보냈다.

“혹시... 한 번 더 만날 수 있을까요?”
며칠 후, 답장이 왔다.
“좋아요.”

헤어질 수도 있다는 진실

두 번째 만남. 이번에는 덜 어색했다. 그런데 그녀가 조용히 말했다.

"사실 말씀드릴 게 있어요. 처음 만남 후에 연락을 조금 늦게 드린 이유가 있어요."

그녀의 목소리가 잔잔해졌다.

"만나서도 헤어질 수도 있잖아요. 만나고 나서 헤어지게 된다면, 그 이유를 꼭 알려드려야겠다고 생각했어요.

그래서 망설였어요. 제 마음을 정리하는 시간이 필요했죠."

"처음 뵈었을 때, 저도 두려웠어요. 다시 누군가를 만나고, 다시 마음을 열고, 그러다가 또 상처받으면 어쩌나 하는 두려움이요."

"만약 우리가 계속 만나게 된다면, 서로의 아픔을 존중하면서 천천히 걸어가야 하는것. 그리고 만약 헤어지게 된다면, 그것은 누구의 잘못도 아니에요. 우리 각자가 가진 상처가 아직 더 많은 시간을 필요로 하기 때문이라는것."

사별의 아픔은 쉽지 않기에, 우리는 더 조심스럽고 조심스럽게 만남을 이어가야 한다는 것.

나는 그녀의 말을 듣고 깊이 공감했다.

"저도 같은 생각이었어요. 사실 처음 만남 후에 연락을 망설였던 건 그 때문이었어요. 서두르지 않고, 천천히요."

껍질을 벗고

그 대화 이후, 나는 학력이나 배경으로 사람을 판단하려 했던 나 자신으로부터 자유로워졌다.
이제는 있는 그대로를 봐야 한다는 것을 깨달았다.
그녀 앞에 앉아 있는 것은 학벌을 가진 사람이 아니었다.
나는 그때 그런 학벌적인 것이 중요하게 다가오기도 했던 것으로 기억된다.
하지만 진짜 중요한 것은 그것이 아니었다.

죽음과 맞닥뜨린 사람. 5년의 고독을 견뎌낸 사람. 그리고 그 아픔을 통해 더 깊어진 사람.

나는 봉천동 학교 이야기를 들었을 때 멈칫했지만, 그녀의 진솔한 고백을 듣고 나서야 비로소 있는 그대로를 보게 되었다.
나의 판단이 아니라, 순수한 마음으로.

부모님께 인사를 드리다

우리의 만남이 이어지면서, 자연스럽게 부모님께 인사를 드리게 되었다.
그녀의 부모님께, 그리고 나의 어머님께.
어머님은 그녀를 보시며 조용히 미소 지으셨다.

어머님의 말씀

어머님이 하늘나라로 가셨지만 내게 하셨던 말씀이 지금도 가슴에 남아 있다.
"그동안 참으로 고생 많았다. 이제는 더 행복하게 살아라. 네가 못다 한 일을 하며 행복하게 살아라."
어머님의 삶도 굴곡진 인생의 길을 살아 오셨기에 그때는 그 말씀의 의미를 온전히 이해하지 못했다. 하지만 그녀를 만나고 나서야 비로소 알게 되었다.
어머님은 이미 아셨던 것 같다. 5년의 어둠이 끝나고, 새로운 시작이 올 것이라는 것을.

새로운 현재
5년이라는 똑같은 시간, 똑같은 아픔을 겪은 두 사람. 우리는 과거를 대신하려는 것이 아니라, 새로운 현재를 만들어가는 것이었다.

어머님의 말씀처럼, 나는 이제 못다 한 일을 하며 행복하게 살아가려 한다.
그녀와 함께, 천천히...

5년의 어둠 끝에서 만난 우리의 만남은, 새로운 시작과 연결되고 있었다.
알에서 깨어나듯, 나는 조금씩 세상으로 나아가고 있었다.

만남.14장

세 번째 나비의 날갯짓:
깨달음의 장에서 만난 나

세 번째 나비의 날갯짓: 깨달음의 장에서 만난 나

또 다른 세계로의 초대

내가 피앙세님께 웃음연구소를 소개했을 때, 그녀는 함께 다니며 치유의 시간을 보냈다. 웃음 속에서 우리는 조금씩 회복되어 갔다.

어느 날, 그녀가 조심스럽게 말했다.

"저도 당신께 소개하고 싶은 곳이 있어요."

"어디인데요?"

"영성 수련원이에요. 제가 많은 도움을 받은 곳인데... 함께 가보실래요?"

나는 망설임 없이 대답했다.

"좋아요. 당신이 소개하는 곳이라면 가보고 싶어요."

전혀 다른 곳

웃음을 통해 내가 치유되어 가고 있다고 생각했는데, 영성 수련원은 웃음연구소와는 완전히 다른 곳이었다.

웃음연구소가 몸으로 웃으며 풀어내는 곳이었다면, 영성 수련원은 질문을 통해 내 생각을 끌어내는 곳이었다.

첫날, 수련 지도자가 나를 바라보며 물었다.

"왜 이곳에 오셨습니까?"

"치유받고 싶어서요. 아내를 잃은 아픔을 극복하고 싶어서요."
"그렇군요."
그는 잠시 침묵하더니 다시 물었다.
"아내가 돌아가신 것이 화가 날 일입니까?"

첫 번째 질문: 화
"네, 당연히 화가 납니다."
나는 주저 없이 대답했다. 40대의 젊은 나이에 아내를 잃었다. 당연히 화가 났다. 하나님께도 화가 났고, 세상에도 화가 났고, 운명에도 화가 났다.

"왜 화가 날 일입니까?"
"너무 억울하니까요. 왜 하필 우리였어야 합니까? 왜 40대에 아내를 잃어야 합니까?"
수련 지도자는 고개를 끄덕였다.
"화가 나는군요. 그럼 다시 한번 생각해보세요. 정말로 화가 나는 겁니까?"
"네, 화가 납니다!"
목소리가 커졌다. 왜 자꾸 묻는 거지? 당연히 화가 나는데.
"그렇다면…"
그가 창밖을 가리켰다.
"저 나무에게 가서 물어보고 오세요. '내가 화낼 일입니까?'라고."

나무 앞에서
나는 어리둥절했다. 나무에게 묻는다고? 이게 무슨 말도 안 되는 소리인가.
하지만 나는 밖으로 나갔다. 오래된 소나무 한 그루가 서 있었다.

나는 그 앞에 섰다.

'이 나무에게 뭘 물어? 나무가 대답이라도 해줄까?'

속으로는 불만스러웠지만, 일단 시키는 대로 해보기로 했다.

"나무야... 내가 아내를 잃은 게 화날 일이야?"

바람이 불었다. 나무잎이 흔들렸다. 그뿐이었다.

나는 한 시간을 그렇게 서 있었다. 나무를 보고, 하늘을 보고, 땅을 보고.

그리고 생각했다.

'화가 난다는 건 뭘까? 누구에게 화가 나는 걸까? 아내에게? 아니야, 아내는 떠나고 싶어서 떠난 게 아니잖아. 하나님께? 하나님이 일부러 아내를 데려가신 걸까?'

아무리 생각해도 생각이 떠오르지 않았다. 당연히 화가 날 일을 왜 묻는 거야. 불만스러운 질문에 나도 화를 내면서, 또 한편으로는 화를 참으며 계속 서 있었다.

두 번째 질문: 가방

수련원으로 돌아왔다. 지도자가 또 다른 질문을 던졌다.

"이 가방은 누구의 것입니까?"

탁자 위에 놓인 가방을 가리키며 물었다.

"제 가방입니다."

당연히 이 가방은 나의 것이지요.

"왜 이 가방이 당신의 것입니까?"

"제가 샀으니까요."

"오늘 이곳에서 머물 수 있습니까?"

"네, 수련원에서 묵을 수 있다고 들었습니다."

"그럼 당신이 죽으면 이 가방은 어떻게 됩니까?"

"...다른 사람이 쓰겠죠."
"그럼 진짜 당신의 것입니까?"
순간 말문이 막혔다. 많은 질문을 통해 생각과 사실을 알아가는 질문들이 계속 이어졌다.

질문의 폭풍
밤에 잠을 이룰 수 없었다. 질문들이 머릿속을 맴돌았다.
'아내는 내 것이었나? 아니, 아내는 독립된 한 사람이었지. 그럼 내가 잃은 건 뭐지? 아내를 잃은 게 아니라, 아내와 함께한 시간을 잃은 건가? 아니, 그 시간도 여전히 내 기억 속에 있잖아. 그럼 내가 진짜 잃은 건 뭐지?'
아무리 생각해도 답이 나오지 않았다.
당연하다고 생각했던 것들이 당연하지 않았다. 화가 난다는 것도, 내 것이라는 것도, 잃었다는 것도.

다음 날 아침, 지도자를 찾아갔다.
"밤새 생각했는데도 모르겠습니다. 너무 어렵습니다."
"무엇이 어렵습니까?"
"당연한 걸 왜 의심해야 합니까? 화가 나는 게 당연하고, 아내는 내 사람이었고, 그걸 잃었으니 슬픈 게 당연한 거 아닙니까?"
지도자가 미소 지었다.
"당연하다고 생각하는 순간, 우리는 생각을 멈춥니다."
또 묻고, 또 묻고
"당신은 누구입니까?"
또 다른 질문이 날아왔다.

"저는… 백승수입니다."

"백승수는 누구입니까?"

"사업가이고, 아내를 잃은 남편이고…"

"아내를 잃기 전에는 누구였습니까?"

"아내의 남편이었죠."

"그럼 아내를 만나기 전에는 누구였습니까?"

"…회사원이었습니다."

"회사에 들어가기 전에는요?"

"학생이었죠."

"학생이 되기 전에는요?"

"어린아이였습니다."

"그럼 진짜 당신은 누구입니까?"

머리가 복잡해졌다. 또 묻고, 또 묻고, 또 물으며 그 답을 알라는 내용이었다.

나무에게 다시 묻다

다시 나무 앞에 섰다. 이번에는 다르게 물었다.

"나무야, 내가 화가 난 건 누구 때문일까?"

바람이 불었다.

"아내 때문일까? 아니야, 아내는 아프고 싶어서 아픈 게 아니었어."

나뭇잎이 흔들렸다.

"하나님 때문일까? 하나님이 일부러 아내를 데려가신 걸까? 아니면… 그냥 그런 일이 일어난 걸까?"

나는 땅에 주저앉았다.

며칠을 그렇게 보냈다. 질문하고, 생각하고, 또 질문하고.

불만과 저항

처음에는 불만스러웠다.

'왜 이렇게 계속 질문만 하는 거야? 대답을 주면 안 돼? 당연한 걸 왜 자꾸 의심하라는 거야?'

화도 났다. 한편으로는 화를 내면서, 또 한편으로는 화를 참으며.

'왜 내 감정을 인정하지 않는 거지? 화가 나는 게 당연한데,

왜 자꾸 그게 아니라고 하는 거야?'

하지만 질문은 계속됐다. 그리고 나는 계속 답을 찾아야 했다.

깨달음의 프로그램처럼

영성 수련원은 마치 깨달음의 프로그램 같았다.

하나씩 하나씩, 내가 당연하다고 생각했던 것들을 질문했다.

"화가 나는 게 당연합니까?"

"이 가방은 정말 당신의 것입니까?"

"아내는 당신의 소유였습니까?"

"당신은 누구입니까?"

질문에 답하고, 또 질문받고, 다시 답하고. 그 과정이 반복되었다.

며칠이 지나면서, 나는 조금씩 변하기 시작했다.

나만의 답들

어느 날, 나무 앞에서 나는 혼잣말을 했다.

"화는...
내가 만들어낸 거구나.
아내가 떠난 건 사실이지만,
거기에 화를 느끼는 건 내 선택이었어."

또 다른 날, 가방을 보며 생각했다.
"이 가방은 내가 잠시 사용하는 것뿐이야.
진짜 내 것이라고 할 수 있는 게 뭐가 있을까?"
그리고 어느 날, 거울 앞에서 물었다.
"나는 누구지? 남편? 사업가? 아니면... 그냥 이 순간을 살아가는 사람?"
답은 명확하지 않았다. 하지만 질문하는 과정에서 무언가 풀리고 있었다.

7일의 시간
7일을 그곳에서 보냈다.
매일 질문하고, 생각하고, 나무 앞에 서고, 밤에 뒤척이고.
나와 다른 동기들도 같은 과정을 겪고 있었다.
우리는 가끔 저녁에 만나 이야기를 나눴다.
"오늘은 어땠어요?"
"모르겠어요. 머리가 복잡해요. 당신은요?"
"저도요. 근데 이상하게... 뭔가 가벼워지는 것 같기도 해요."
"저도 그래요."
우리는 서로를 위로했다. 이 낯선 과정을 함께 겪고 있다는 것만으로도 힘이 되었다.

마지막 날

수련원을 떠나는 날, 지도자가 물었다.
"무엇을 얻어가십니까?"
나는 한참을 생각하다 대답했다.

모든 것은 내 것이 아니고 잠시 맡고 있다는 것을.

"질문하는 법을 배운 것 같습니다."
"좋습니다. 그것이면 충분합니다."
"그런데... 아직도 답을 모르겠어요."
"답은 중요하지 않습니다. 질문하는 것이 중요합니다."

나는 영성 수련원에서 많은 것을 경험했다.
나무 앞에 서서 "내가 화낼 일입니까?"라고 물었다.
가방을 보며 "이게 정말 내 것인가?"라고 물었다.
거울을 보며 "나는 누구인가?"라고 물었다.

답은 명확하지 않았다. 하지만 질문하는 과정에서 무언가 변했다.
웃음연구소가 몸의 치유였다면, 영성 수련원은 생각의 여행이었다.
나는 그곳에서 이렇게 했다.
불만스러워도 질문했다.
화가 나도 나무 앞에 섰다.
답이 없어도 계속 물었다.

그리고 한 달 후, 나는 조금 달라져 있었다.

무엇이 어떻게 달라졌는지 명확하게 설명할 수는 없다. 하지만 확실히 달라졌다.

그것이 내가 영성 수련원에서 보낸 시간이었다.

만남.15장

네 번째 날갯짓:
인문학 - 꽃들에게 희망을

네 번째 날갯짓: 인문학 - 꽃들에게 희망을

피앙세님이 말했다.
"인문학을 함께 공부해보지 않을래요? 숲나라는 곳이 있어요."
"숲나요?"
"네, 숲과나무학교를 줄여서 숲나라고 불러요."

웃음연구소도, 영성 수련원도 낯설었지만 따라갔다. 하지만 인문학이라니.
"철학이나 문학 같은 거요? 그게 내 삶에 무슨 도움이 될까요?"

나는 사업가였다. 실용적인 것을 좋아했다.
"한번 가보세요. 특별한 곳이에요."
그녀의 눈빛에 확신이 있었다. 나는 고개를 끄덕였다.

너 자신을 알라
첫 수업 날, 강사가 칠판에 큰 글씨로 썼다.
"너 자신을 알라."
"소크라테스가 한 말입니다."
나는 멍하니 그 글씨를 바라봤다. 순간 전율이 일었다.
5년간 나는 나를 알지 못했다.
아픔 속에서 나를 잃어버렸고, 성공 속에서도 나를 찾지 못했다.

레밍의 딜레마

어느 날, 강사가 이야기했다.

"레밍이라는 동물을 아시나요? 북극의 작은 설치류입니다.

이들은 무리를 지어 이동하다가 때로 절벽에서 떨어져 죽습니다.

왜 그럴까요?"

한 참가자가 답했다.

"앞만 보고 달리기 때문 아닐까요?"

"맞습니다. 레밍들은 앞선 동료를 따라 달리다가, 그것이 절벽인지도 모른 채 떨어집니다. 이것이 레밍의 딜레마입니다."

그 순간, 나는 내 삶을 떠올렸다.

나도 레밍처럼 달렸다. 어머니의 말씀 "돈을 벌어야 한다"를 따라, 성공이라는 목표를 향해,

앞만 보고 달렸다. 멈추지 않고, 뒤돌아보지 않고, 절벽이 어디 있는지도 모른 채.

"하지만 레밍들에게도 희망이 있습니다.

멈추는 법을 배우면 됩니다. 뒤돌아보는 법을 배우면 됩니다.

그리고 자신만의 길을 찾으면 됩니다."

꽃들에게 희망을

그 다음 주에는 트리나 폴러스의 『꽃들에게 희망을』을 읽었다.

애벌레는 다른 애벌레들처럼 기둥을 오르기만 했다.

위로, 더 위로. 모두가 오르니까. 하지만 한 애벌레가 물었다.

"우리는 왜 오르는 거지?"
아무도 답하지 못했다.
그저 오르는 것이 당연했기 때문이다.

그 애벌레는 기둥에서 내려왔다. 땅을 걸었다. 꽃을 만났다. 그리고 나비가 되었다.

강사가 물었다.
"여러분은 어떤 애벌레인가요? 기둥을 오르는 애벌레인가요, 아니면 땅으로 내려온 애벌레인가요?"

나는 대답할 수 없었다.
나는 평생 기둥을 올랐다. 모두가 오르니까. 성공이라는 꼭대기가 있을 거라 믿었으니까.
하지만 꼭대기에는 아무것도 없었다. 또 다른 기둥만 있었다.

도스토예프스키
다음 수업에서 도스토예프스키를 읽었다.
"고통받고 고통을 통해서만 우리는 의식에 이른다."
강사의 말이 가슴에 박혔다.

나는 고통을 피하려고만 했다.
하지만 도스토예프스키는 고통을 통해 더 깊어졌다.
'나도 그럴 수 있을까?'

언어를 얻다

인문학 모임 사람들과의 대화는 술자리 대화와 완전히 달랐다.

우리는 삶의 본질을 이야기했다.
죽음에 대해, 사랑에 대해, 의미에 대해.
그 과정에서 나는 언어를 얻었다.

내 경험을 표현할 수 있는 언어. 내 아픔을 의미로 바꿀 수 있는 언어.
예전에는 이렇게 말했다.

"너무 힘들었어. 죽을 뻔했어."
이제는 이렇게 말할 수 있었다.

"나는 레밍처럼 달렸지만, 이제 멈추는 법을 배웠습니다.
나는 애벌레처럼 기둥을 올랐지만, 이제 땅으로 내려와 나비가 되는 법을 배웠습니다."

변화하는 나

책을 읽고 배우며, 어느덧 나는 변하고 있었다.
웃음연구소에서 만난 사람들과의 만남은 점점 줄어들었다.
영성 수련원에 가는 횟수도 뜸해졌다. 그들이 필요 없어서가 아니었다.
그들을 통해 내가 이미 충분히 성장했기 때문이었다.

거울을 보면 낯선 사람이 서 있었다.

5년 전 정신병원에서 47kg으로 마른 그 사람이 아니었다.
웃음을 잃어버리고 죽음의 문턱을 헤매던 그 사람이 아니었다.

이제 나는 웃을 수 있었다.
질문할 수 있었다. 생각할 수 있었다.
내 안에 새로운 사람이 태어나고 있었다.

새로운 만남
그리고 신기하게도, 내가 변하자 만남도 달라졌다.
예전에는 사업 이야기, 돈 이야기만 하던 사람들과 만났다.
그것이 내가 아는 전부였으니까.

하지만 이제는 달랐다.
숲나에서 만난 사람들은 삶을 이야기했다.
의미를 이야기했다.
꿈을 이야기했다.

새로운 사람들이 내 삶에 들어왔다.
책을 읽는 사람들,
생각하는 사람들,
질문하는 사람들.
그들과의 만남은 나를 더 깊은 곳으로 이끌었다.

안개가 걷히듯
그렇게 시간이 흐르며, 10년간 나를 짓눌렀던 외로움이 서서히 사라지고 있었다.

안개가 걷히듯,
봄눈이 녹듯,
어느 날 문득 깨달았다.
'아, 나는 더 이상 외롭지 않구나.'

혼자가 아니었다. 피앙세님이 있었고, 웃음연구소 사람들이 있었고, 영성 수련원 사람들이 있었고, 숲나 사람들이 있었다.
통일의병이 있었고
유니시드 사람이 있었고
기청의가 있었고
평화재단 사람들이 있었고
교회사람들이 있었고
CBMC 사람들이 있었고
그리고 무엇보다, 이제 나 자신이 있었다.

잃어버렸던 나를 되찾았다. 아니, 새로운 나를 만났다.
32km 지점
그때 나는 깨달았다.
인생에는 32km 지점이 있다는 것을.
마라톤에서 32km는 무너지는 순간이다.

몸이 한계에 부딪히는 지점이다. 하지만 그 지점을 넘으면, 새로운 세계가 펼쳐진다.

인생도 그렇다.
레밍처럼 달리던 나에게 32km 지점이 왔다. 아내의 죽음이었다. 정신병원이었다. 죽음의 문턱이었다.
하지만 나는 그 지점을 넘었다.

웃음연구소에서, 영성 수련원에서, 그리고 숲나에서.
이제 나는 안다.
32km 지점은 끝이 아니라 시작이라는 것을.

새로운 탄생
네 개의 날갯짓을 통해 나는 다시 태어나고 있다.

애벌레가 고치 속에서 나비로 변하듯, 나는 아픔 속에서 새로운 사람으로 변하고 있다.

첫 번째 날갯짓, 피앙세님과의 만남에서 사랑의 용기를 배웠다.
두 번째 날갯짓, 웃음연구소에서 함께하는 치유를 배웠다.
세 번째 날갯짓, 영성 수련원에서 질문하는 자유를 배웠다.
네 번째 날갯짓, 숲나에서 더 깊은 곳으로 가는 길을 배웠다.
그리고 이제, 나는 날 수 있었다.

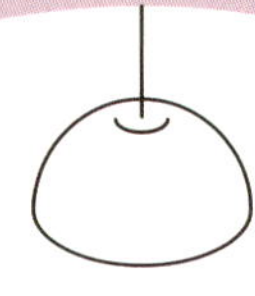

만남.16장

32km 지점을 넘어가는 길

32km 지점을 넘어가는 길

그런 내가 참 좋다

새로운 도전

8년의 외로움이 끝나가고 있었다.

그녀와 함께 영성 수련원을 다니고, 인문학을 공부하고, 교회를 다니면서 나는 조금씩 회복되고 있었다. 몸도 마음도 건강해졌다.

이제는 정말 새로운 시작이었다.

그렇게 회복하던 중, 나는 새로운 도전을 하기로 결심했다.

마라톤이었다.

세 가지 다짐

그날 아침, 집을 나서며 아이들에게 말했다.

"아빠, 오늘 완주하고 올게."

사랑하는 님이 웃으며 말했다.

"결승선에서 기다릴게요. 천천히 와요."

스타트 라인으로 걸어가면서 나는 세 가지를 다짐했다.

첫째, 화목한 가정을 꾸미는 것.

둘째, 봉사와 나눔의 삶을 사는 것.
셋째, 건강한 몸과 마음을 가꾸는 것.
출발선에 서기도 전에
웃기지 않은가.

42.195km를 달리겠다는 사람이 이런 거창한 다짐을 하다니. 하지만 나는 알고 있었다.
이 마라톤은 단순히 달리기가 아니라는 것을.
이것은 내가 나를 만나는 시간이라는 것을.
사실, 오늘 아침 이 출발선에 서는 것조차 기적이었다.

수많은 인파 속에서 스타트 라인에 서 있는 나를 보며 생각했다.
'내가... 정말 여기까지 왔구나.'

가벼웠던 시작
초반 5km는 가벼웠다.
차가 다니지 않는 넓은 도로를 달리는 것이 신기하기까지 했다.
가을 단풍이 떨어지는 11월 거리를 달리며 생각했다.
'이 정도면 할만한데?'

10km, 15km, 20km
페이스를 잘 유지했다. 남들처럼 빨리 달리지 않았다.
그냥 내 속도로, 내 호흡으로 달렸다.

새벽의 기억

새벽마다 혼자 달렸던 그 시간들이 떠올랐다.

아침 공기를 마시며 나에게 말을 걸곤 했었다.

'오늘도 잘 살자. 오늘도 감사하자.'

새벽 내음, 풀벌레 소리, 아침 공기, 그 모든 것이 내게는 선물이었다. 살아있다는 것, 숨 쉬고 있다는 것, 다리로 땅을 밟을 수 있다는 것, 당연한 것이 하나도 없었다.

100m에서 20km까지

정신병원에서 나왔을 때, 100m를 걷는 것도 힘들었었다.

숨이 차고, 다리가 후들거렸다. 그런 내가 지금 20km를 달리고 있다.

'나 참... 대단한데?'

스스로에게 웃음이 났다.

25km, 균열의 시작

25km를 지나면서부터였다.

발이 조금씩 아프기 시작했다.

'괜찮아, 이 정도는.'

그렇게 생각하며 계속 달렸다.

26km, 27km

발바닥이 뜨겁다. 마찰 때문인가. 양말이 젖었다. 땀인가, 아니면...

32km, 무너지는 순간

왼쪽 발바닥이 찢어지는 것 같았다. 아니, 찢어지고 있었다. 물을 마실 힘도 없었다. 발이 내 발 같지 않았다. 그냥 두 개의 돌덩이가 다리에 매달려 있는 것 같았다.

'여기서 멈춰도 되지 않을까.'

그 생각이 고개를 들었다. 달콤한 유혹이었다.

그냥 걸어가도 된다. 아니, 그냥 포기해도 된다.

다음에 다시 도전하면 된다.

그렇게 속삭이는 목소리가 들렸다.

인생의 32km 지점

나는 깨달았다.

이것이 바로 32km 지점이구나.

인생에서 수많은 32km 지점을 만난다.

사랑하는 사람을 잃을 때,

사업이 무너질 때,

건강을 잃을 때,

꿈이 좌절될 때. 그때가 바로 우리의 32km 지점이다.

그리고 이 32km 지점을 넘느냐 못 넘느냐에 따라 삶이 달라진다.

넘지 못하면 다시 그 길로 돌아간다. 같은 아픔, 같은 실패, 같은 절망을 반복한다.

하지만 넘어가면 새로운 길이 펼쳐진다.

두려운 길

우리는 이 길을 두려워한다. 가지 않으려 한다.
너무 아프니까. 너무 힘드니까. 포기하는 게 더 쉬워 보이니까.
나도 그랬다. 지금 이 순간도 그랬다.

'그만둘까. 여기까지도 잘한 거야. 32km면 대단한 거지. 다음에 다시 도전하면 돼.'
그럴듯한 핑계들이 줄줄이 나왔다.

정신병원의 기억

그런데 이상했다.
그 순간, 정신병원 침대에 누워 있던 내가 떠올랐다.
47kg, 뼈만 남은 몸, 두 시간도 못 자는 밤들, 미친 듯이 뛰는 심장.
"약으로는... 어찌할 도리가 없습니다."
의사 선생님의 그 말이 귓가에 맴돌았다.
그때도 나는 포기하고 싶었다. 아니, 포기하는 게 더 편할 것 같았다.
죽는 게 더 쉬울 것 같았다.
하지만 포기하지 않았다.
살아남았다.
그때도 32km 지점이었다. 그리고 나는 넘었다.

35km, 유혹의 시간

36km 지점을 지나며 처음으로 걷기 시작했다.
주변 사람들이 하나둘 나를 추월해갔다. 괜찮다. 나는 나의 페이스로 가면 된다.

그렇게 생각하며 천천히 걸었다.

잠시 쉬었다 가면 되겠지.

그런데 걷기 시작하니까 더 힘들었다. 아픈 발에 더 신경이 쓰였다. 달릴 때는 몰랐는데, 걸으니까 고통이 더 선명하게 느껴졌다.

37km, 포기의 유혹

'그만둘까.'

그 생각이 또 고개를 들었다. 이번에는 더 강하게, 더 달콤하게.

'여기까지도 잘한 거야. 32km면 대단한 거지. 다음에 다시 도전하면 돼. 오늘은 몸 상태가 안 좋았던 거야.'

그럴듯한 핑계들이 줄줄이 나왔다.

포기할 수 없는 이유

그때였다.

아침에 현관문을 나서며 아이들에게 말했던 게 떠올랐다.

"아빠, 완주하고 돌아올게."

사랑하는 님이 웃으며 말했다.

"결승선에서 기다릴게요. 천천히 와요."

결승선에서 기다린다고 했다.

내가 여기서 포기하면, 님은 거기서 계속 기다릴 것이다. 오지 않는 나를, 완주하지 못한 나를.

지켜보는 과거의 나

아니다.

님만이 아니었다.

정신병원 침대에서, 죽고 싶다고 울부짖던 내가 지금 나를 보고 있었다.

아무도 없는 텅 빈 공간에서 혼자 울던 내가 지금 나를 보고 있었다.

'그때 넌 살아남았잖아. 그때 넌 일어났잖아.'

38km, 절규의 순간

발을 뗄 수가 없었다. 정말로 움직이지 않았다. 다리가 내 것이 아닌 것 같았다.

"으아…"

소리가 나왔다.

참을 수가 없었다.

주변 사람들이 쳐다봤다. 창피했다. 하지만 어쩔 수 없었다.

아팠다. 진짜 아팠다.

'이번엔 정말 안 되는 건가.'

눈물이 날 것 같았다.

응원의 힘

그런데 그 순간, 길가에서 누군가 소리쳤다.

"조금만 더요! 거의 다 왔어요!"

길가에서 응원해 주신 시민들이었다. 길가에 도열해서 응원하고 있었다.

"힘내세요! 할 수 있어요!"

모르는 사람들이었다. 나를 전혀 모르는 사람들이었다.

그런데 그들이 나를 응원하고 있었다.

단 한 번도 혼자가 아니었다.

눈물이 났다. 정말 눈물이 났다.

이 32km 지점은 강력한 길이다. 이 지점을 넘느냐 못 넘느냐에 따라 삶이 완전히 달라진다.

가는 사람만이 갈 수 있다.

하지만 혼자 가는 것이 아니다. 그 길에는 많은 사람이 함께 간다.

길가의 응원하는 사람들, 함께 달리는 주자들, 결승선에서 기다리는 사랑하는 사람들, 과거의 나를 지켜봤던 모든 사람들.

그들이 모두 함께 가고 있었다.

39km, 무의식의 달리기

다리는 내 힘으로 움직이지 않았다. 팔도 내 의지로 흔들리지 않았다. 그냥 무의식적으로 움직이고 있었다.

신기했다. 의식은 '멈춰'라고 외치는데, 몸은 계속 앞으로 나아가고 있었다.

이게 무의식인가. 이게 본능인가.

길가의 낙엽들이 바람에 날렸다.

마지막 가을을 살며 불꽃을 태우고 있는 낙엽들.

'나도 지금 불꽃을 태우고 있구나.'

계속 나아가다

숨이 턱까지 차올랐다. 심장이 터질 것 같았다. 발바닥은 이제 감각도 없었다.

그런데 멈출 수가 없었다. 아니, 멈추고 싶지 않았다.

'할 수 있어. 나는 할 수 있어.'
마음속으로 계속 되뇌었다.
'정신병원에서도 일어났잖아. 47kg에서도 살아났잖아.'

40km, 결승선이 보이다
저 멀리 스타디움이 보이기 시작했다.
'저기다. 저기만 가면 된다.'
다리가 풀렸다. 아니, 이미 풀려 있었다. 그런데 계속 움직이고 있었다.
사람들의 응원 소리가 들렸다.
"거의 다 왔어요!"
"조금만 더!"
"할 수 있어요!"
할 수 있다. 나는 할 수 있다.

41km
울컥했다. 가슴이 뜨거워졌다.
'내가... 정말 여기까지 왔구나.'

42.195km, 완주
스타디움 안으로 들어섰다.

사람들이 박수를 쳤다. 환호했다. 나를 위해서가 아니었다. 완주하는 모든 사람을 위해서였다.
그런데 그게 중요한가. 나는 지금 달리고 있다.

마지막 200m를 달리고 있다.
저 멀리 결승선이 보인다. 그리고 그 옆에, 사랑하는 님과 아이들이 있다.
손을 흔들고 있다.

"여보!"
그녀의 목소리가 들린다.
눈물이 났다. 정말 눈물이 났다. 나는 울면서 달렸다.
결승선을 통과하는 순간, 시계를 봤다.
4시간 29분 41초.

완주 후
"정말 수고했어요. 자랑스러운 나의 님."
피앙세님이 나를 안아주었다.

아들도 달려와 안겼다.
"아빠 최고!"
그 순간, 모든 것이 무너져 내렸다. 참았던 눈물이 쏟아졌다. 억눌렀던 감정이 터져 나왔다.
아팠다. 힘들었다. 포기하고 싶었다.
그런데 해냈다.
나는 해냈다.

그날 밤
집에 돌아와 침대에 누웠다.

온몸이 아팠다. 발바닥은 물집투성이였다. 다리는 퉁퉁 부어 있었다.
그런데 이상했다. 마음은 이렇게 가벼울 수가 없었다.
'내가 해냈구나.'

정신병원 침대에 누워 죽고 싶다고 울던 내가, 47kg으로 뼈만 남았던 내가, 오늘 42.195km를 완주했다.

하나님께 드리는 고백
그날 밤, 나는 기도했다.
"하나님, 감사합니다."
정신병원에서 울부짖으며 물었었다.
"왜 저에게 이런 시련을 주십니까.
왜 제 아내를 데려가셨습니까.
왜 저는 이렇게 아파야 합니까."

그때는 몰랐다. 그 모든 시련이 나를 무너뜨리기 위한 것이 아니라,
나를 일으켜 세우기 위한 것이었다는 것을.

함께했던 순간들
15살 서울역에서 쓰레기통을 뒤지며 배고픔과 싸웠을 때도, 사랑하는 아내를 떠나보냈을 때도,
정신병원 침대에서 죽음과 마주했을 때도, 나는 단 한 번도 혼자가 아니었다.
누군가는 묵묵히 나를 지켜보고 있었고, 누군가는 작은 손길을 내밀어주었으며, 누군가는 "밥은 먹었냐"고 물어봐주었다.

그리고 무엇보다,
하나님은 내가 가장 외롭다고 느낀 그 순간에도 나와 함께 계셨다.

나의 길
마라톤을 완주하고 나서 깨달았다.
인생도 마라톤과 같다는 것을.
출발선에 설 때는 모른다. 얼마나 힘들지, 얼마나 아플지, 중간에 포기하고 싶을지.
그런데 달리다 보면 안다.

32km 지점이 온다는 것을, 발이 아파서 한 발짝도 떼기 싫은 순간이 온다는 것을,
'그만두고 싶다'는 유혹이 달콤하게 속삭인다는 것을.

그 순간을 넘기면
그런데 그 순간을 넘기면 또 안다.
38km 지점에서는 무의식이 나를 이끈다는 것을, 의식은 '멈춰'라고 외치는데 몸은 계속 나아간다는 것을, 그렇게 한 발 한 발 내딛다 보면 결승선이 보인다는 것을.
나는 이제 안다.
포기하지 않으면, 언젠가는 도착한다는 것을.
그런 내가 참 좋다.
지금도 나는 달린다.
새벽에 일어나 조깅을 한다. 예전만큼 빠르지는 않다. 예전만큼 멀리 가지도 못한다.

그런데 괜찮다. 나는 지금 나의 페이스로 달리고 있다. 남과 비교하지 않는다. 어제의 나와 비교

할 뿐이다.

그것을 깨달은 지금, 나는 더 이상 두렵지 않다.
앞으로 어떤 32km 지점이 와도, 어떤 38km 지점이 와도, 나는 한 발 한 발 나아갈 것이다.

왜냐하면 나는 이미 알기 때문이다.
포기하지 않으면 반드시 도착한다.
넘지 못하면 다시 그 길로 돌아간다.
하지만 넘어가면 새로운 길이 펼쳐진다.
우리는 이 길을 두려워한다. 가지 않으려 한다.
하지만 가는 사람만이 갈 수 있다.
그리고 그 길에는 많은 사람이 함께 간다.
혼자가 아니다.
포기하지 않으면, 반드시 도착한다.
하나님이 함께 하고 있다는 것을.
그것을 나는 안다.
그런 내가 참 좋다.

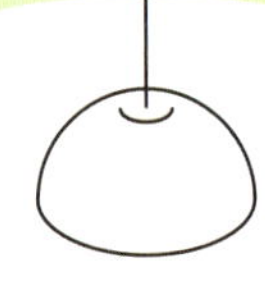

만남.17장

아파트로 폭삭 망하다

아파트로 폭삭 망하다

인생은 수많은 만남의 연속이다.
2006년 어느 봄날 아침이었다. 휴대폰이 울렸다.
"사장님, 축하드립니다! 센트럴파크 72평, 어제보다 5천만 원 올랐어요!"
부동산 직원의 목소리가 들떠 있었다.

'5천만 원? 하룻밤 사이에?'
한 달 전에 산 아파트였다. 11억에 샀는데, 지금 11억 5천. 한 달 만에 5천만 원. 회사에서 직원들 월급 주고, 세금 내고, 1년 동안 악착같이 모아야 5천만 원이었다. 그런데 아파트는? 그냥 잠만 자면 올랐다.

순조로운 40대 중반
그때 나는 40대 중반이었다. 정신적으로 자리를 잡았다. 아내를 잃고, 정신병원에서 죽음의 문턱을 넘었고, 웃음을 배웠고, 새로운 사랑을 만났고, 그리고 사업도 안정기에 접어들었다.

회사 매출도 늘고, 사업도 잘 되었다.
'이제 좀 살 만해졌어.'
하지만 무언가 허전했다. 뭔가 더 큰 것을 이루고 싶었다.
'투자를 해볼까?'

그때 전국이 들썩이기 시작했다.
광풍이 불기 시작했다.

노무현 정부 시절, 아침에 일어나면 아파트 값이 천정부지로 올랐다. 뉴스마다 같은 이야기였다. "강남 아파트 1년 만에 3억 상승!" "분당 30평대, 8억 돌파!" 전국이 아파트 붐으로 들끓었다.

주변 사람들도 아파트 이야기뿐이었다.
"사장님, 저희 친척이 아파트 하나 샀는데 6개월 만에 2억 올랐대요."
"에이, 그게 어디 있어?"
"진짜예요! 저도 하나 사야 하는데…"
나도 귀가 솔깃했다. '나도 큰 돈을 한번 벌어볼까?'

송도, 꿈의 땅
그때 한창 송도 이야기가 돌았다. 인천공항 바로 옆, 송도 경제 특구. "동북아 금융 허브가 될 곳!" "제2의 강남!" 온갖 미래가 그려졌다. 송도에 전국에서 사람들이 몰려들었다.
친구가 이야기했다.

"요즘 대박이지. 송도 알지? 거기 미쳤어. 사기만 하면 오르더라."
"그렇게 확실해?"
"야, 인천공항이 있잖아. 안 오를 수가 없지."
차를 몰고 돌아오는 길, 결심했다. '그래, 나도 한번 해보자.'

첫 번째 아파트 – 시작

회사에서 번 돈을 모아뒀던 게 7억이었다. 고민했다. '전부 넣을까? 아니면 일부만?' 하지만 주변 사람들은 모두 말했다. "지금 안 사면 후회해!" "1년만 기다려봐. 두 배 되는 거 보게 될 거야."
송도 센트럴파크 72평. 가장 비싼 평형이었다. 11억. 은행 대출 70% 받으면 7억 7천. 내 돈 3억 3천만 원만 넣으면 됐다.
계약서를 쓸 때 손이 떨렸다. 하지만 설렘 때문이었다.
드디어 나도 부자 대열에!

한 달 후 – 5천만 원
한 달 후, 그 전화를 받았다. "5천만 원 올랐어요!"
믿기지 않았다. 부동산 뉴스를 확인했다. 정말이었다. 11억에서 11억 5천.
'이게 진짜네.'

회사에 출근했는데 일이 손에 안 잡혔다. 계속 생각했다.
'한 달에 5천? 그럼 1년이면 6억? 아니, 가속도가 붙으면 10억도 가능하겠네?'

5개월 후 – 1억
5개월이 지났다. 11억이 12억이 되었다. 1억 상승.
그날 저녁, 피앙세님에게 말했다.
우리 아파트 1억 올랐어요!"
"진짜요? 5개월 만에?"
"네! 대박이죠?"
"대단해요."
'이거... 한 채 더 살까?'

두 번째 아파트 – 욕심

한 채 더 샀다. 센트럴파크 45평. 6억 5천. 은행 대출 70% 받았다. 내 돈 1억 9천 5백.
총 투자금 약 5억 2천 5백.
아파트 2채 총액 17억 5천.
은행 대출 12억 2천.
계산기를 두드리며 웃었다. '이게 레버리지지. 5억으로 17억 5천짜리를 산 거야. 만약 10% 오르면? 1억 7천 5백! 20% 오르면? 3억 5천!'

의기양양 – 나는 달랐다

부동산에 들어가면 직원들이 일어났다. "어서 오세요, 사장님!"
20대 여직원이 눈을 반짝이며 물었다.
"사장님, 어떻게 이런 비싼 아파트를 두 채나 가지고 계세요?"

나는 겸손한 척했다. "아, 그냥 운이 좋았죠."
하지만 속으로는 의기양양했다.
'내가 뭐가 달라도 다르지. 남들은 한 채 사기도 힘들어하는데, 나는 두 채.'
친구들을 만나면 자랑했다.

"야, 나 송도에 아파트 2채 있어."
"뭐? 2채?"
"응. 지금 10개월 사이에 2억 올랐어."
"미쳤다, 진짜! 나도 하나 살까?"
"빨리 사. 더 오르기 전에."

회사 직원들도, 다른 사람들도 나를 다르게 봤다. 복도에서 지나가면 고개를 더 깊이 숙였다.

10개월 – 정점

2006년 12월. 10개월이 흘렀다.

첫 번째 아파트 11억에서 13억 (2억 상승)

두 번째 아파트 6억 5천에서 8억 5천 (2억 상승)

총 4억 상승.

그날 밤, 피앙세님께 말했다.

"돈 걱정 하지 마요. 하고 싶은 것 마음껏 해요."

"진짜요?"

"네. 이제 우리 부자예요."

자신만만했다. 회사는? 그냥 취미처럼 느껴졌다.

진짜 돈은 아파트에서 벌었다. 10개월 동안 회사에서 번 돈 5천만원. 아파트에서 번 돈 4억.

'아파트가 답이었어.'

매일 밤 계산했다. '내년이면 10억? 15억? 그럼 빚 다 갚고도 10억은 남겠네. 그 돈으로 뭐 하지? 건물 살까? 아니면 아파트 한 채 더?'

꿈같은 시절이었다.

2007년 3월 – 먹구름

2007년 3월 어느 날 아침. 뉴스를 봤다.

"정부, 부동산 대책 발표. 대출 규제 강화, 양도세 중과..."

'뭐? 왜 이래?' 하지만 걱정하지 않았다. '일시적이겠지. 송도는 달라. 경제특구잖아.'

그날 오후, 부동산 직원이 전화했다. "사장님, 분위기가 좀 이상해요."

"뭐가요?"
"오늘 시세 확인해보셨어요?"
뉴스를 틀었다. 13억이었던 첫 번째 아파트가 12억 8천으로 떨어져 있었다. 2천만 원 하락.
'일시적이야. 곧 다시 오를 거야.'

한 달 후 – 균열
13억에서 12억 8천, 12억 5천, 12억, 11억 5천...
매주 5천만 원씩 떨어졌다. 처음에는 '조정'이라고 생각했다.
부동산 직원도 그렇게 말했다.
"사장님, 걱정 마세요. 일시 조정이에요. 곧 반등합니다."
"정말요?"
"네, 제가 10년 했는데 이런 거 여러 번 봤어요."

하지만 반등은 없었다. 계속 떨어졌다.
매일 아침 부동산 뉴스를 봤다. 확인하고 싶지 않았지만, 안 볼 수 없었다. 떨어진 숫자를 보면 가슴이 철렁했다.
하지만 '내일은 오르겠지' 기대하며 잤다.

3개월 후 – 절망의 시작
첫 번째 아파트 13억에서 10억 (3억 하락)
두 번째 아파트 8억 5천에서 6억 (2억 5천 하락)
총 5억 5천 하락.
10개월 동안 오른 4억이 3개월 만에 사라졌다. 그리고 더 떨어졌다. 내가 산 가격 밑으로 내려갔다.

은행에서 전화가 왔다. "사장님, 담보가치가 떨어져서 추가 담보를 넣으시거나 대출금을 줄이셔야 합니다."

"얼마요?"

"1억 5천만 원입니다."

손이 떨렸다. '1억 5천... 어디서 구하지?'

이자라는 괴물

그때부터 지옥이 시작되었다. 매달 나가는 이자를 계산했다.

첫 번째 아파트 450만 원

두 번째 아파트 350만 원

합계 800만 원.

한 달에 800만 원. 회사에서 악착같이 일해서 버는 돈이 1,200만 원. 이자 내고 나면 400만 원.

거기서 생활비, 아이들 학원비, 차 유지비 내면? 남는 게 없었다.

회사 직원들 월급날이 두려워지기 시작했다. '이번 달은 어떻게 내지?'

밤에 잠이 오지 않았다. 눈을 감으면 숫자들이 보였다. 800만 원, 800만 원, 800만 원...

정신병원에서 아내를 잃었을 때처럼, 불면이 다시 찾아왔다.

부동산의 침묵

부동산에 갔다. 1년 전과 달랐다.

1년 전엔 "어서 오세요! 좋은 매물 나왔어요! 빨리 안 사시면 없어져요!"

지금은 "...네, 어서 오세요."

썰렁했다. 사람이 없었다. 직원도 무기력했다.
"아파트 팔려고 하는데요."
"네, 등록해드릴게요."
"언제쯤 팔릴까요?"
직원이 나를 쳐다봤다. 동정하는 눈빛이었다. "...글쎄요."

송도 센트럴파크 단지 게시판을 봤다. 1년 전에는 '급매'가 몇 개 없었다. 지금은? 게시판이 '급매'로 도배되었다.
"15억을 13억 5천 급매!"
"13억을 11억 파격!"
"12억짜리 9억에 급처분!"
모두가 팔려고 했다. 사려는 사람은? 한 명도 없었다.

개미들은 어디로 갔을까
1년 전, 토요일 오전 부동산은 사람들로 북적였다. 번호표를 뽑아야 했다.
"빨리 계약하지 않으면 없어져요!"
사람들은 뛰었다. 계약서를 쓰려고.

지금은 완전히 다른 토요일 오전 10시. 부동산 문을 열었다. 나 혼자였다.
"어서 오세요..."
직원도 한 명. 맥 빠진 목소리였다.
"오늘 손님 많아요?"
"사장님이 첫 손님이세요."

그 많던 개미들은 다 어디로 갔을까. “이번 달에 꼭 사야 해!” “안 사면 후회해!” 외치던 사람들. 레밍처럼 절벽으로 달려가던 사람들.
이제는 다들 숨었다. 나만 남았다. 절벽 끝에.

송도 부동산 순례
송도에 부동산이 몇 개나 될까. 센트럴파크 주변만 20개가 넘었다. 나는 하나씩 돌았다.
첫 번째 부동산. “12억에 등록해주세요.”
“사장님, 시세가 지금 10억인데요.”
“그래도 12억이요.”
“네.”
다섯 번째 부동산. “11억은 어때요?”
“사장님, 안 팔려요.”
“그럼 10억 5천?”
“등록은 해드릴게요.”
열 번째 부동산. “가격은 상관없어요. 사는 사람만 있으면...”
스무 번째 부동산. 제일 큰 곳. 사장이 직접 나왔다.
“사장님, 솔직히 말씀드릴게요. 지금 송도에 매물이 1,500건이에요. 한 달에 거래는 10건도 안 돼요.“

심장이 철렁했다. “그럼...?”
“기다리셔야죠.”
“언제까지요?”
사장은 고개를 저었다.

"모르겠습니다."

피앙세님에게 돈 걱정 하지 말라고 했는데

저녁 식사 시간. 피앙세님이 조심스럽게 물었다.

"아파트는 어때요?"

"곧… 다시 오를 거예요."

하지만 내 목소리는 떨렸다. 피앙세님도 알았다. 거짓말이라는 것을.

밥을 먹었다. 아무 맛도 나지 않았다. 예전에 "돈 걱정 마요. 하고 싶은 것 마음껏 해요" 했던 내 말이 부끄러웠다.

불안의 일상화

매일이 똑같았다.

아침에 눈 뜨자마자 부동산 뉴스. 또 떨어졌다.

출근길에 은행 앞을 지나간다. 고개를 돌린다.

회사에서 일이 손에 안 잡힌다. 계속 계산한다.

점심엔 밥이 넘어가지 않는다.

오후엔 부동산에 전화한다. "연락 온 거 없어요?" "없어요."

퇴근 후 송도 부동산 세 곳을 돈다. "없어요." "없어요." "없어요."

밤엔 잠이 오지 않는다. 계산기를 두드린다.

이것이 나의 일상이 되었다.

정신병원의 기억

어느 날 밤, 거울을 봤다. 뺨이 꺼졌다. 눈이 푹 들어갔다.

'이 얼굴…'

7년 전 정신병원에서 본 내 얼굴이었다. 아내가 하늘나라로 가고, 47kg으로 말랐을 때. 죽음 앞에 섰을 때. 그 얼굴이 다시 오는 것 같았다.

12월 28일 – 운명의 날

2007년 12월 28일.

1979년 12월 28일, 15살. 나는 서울역에 도착했다. 7천 원을 들고. 배고팠다. 추웠다. 외로웠다. 하지만 자유로웠다.

2007년 12월 28일, 48세. 나는 부동산에 앉아 있었다. 아파트 2채를 가지고. 하지만 자유롭지 못했다. 12억 빚에, 월 800만 원 이자에 묶여 있었다.

그때 기다리고 기다리던 부동산에서 연락이 왔다.

"여보세요?"

"아파트 사려는 사람이 있어요."

심장이 멈췄다.

그 사람 – 희망

부동산에서 50대 남자를 만났다. 떨리는 손으로 악수했다.

"어떤 평수를 원하세요?"

"72평이요."

'바로 내 집이잖아!'

"가… 가격은?"

"얼마예요?"

망설였다. 시세는 10억. 내가 산 가격은 11억. 하지만 선택의 여지가 없었다.

"11억인데... 9억에 드릴게요."

남자가 고개를 끄덕였다. "생각해볼게요."

"아니, 지금 계약하시면 8억 5천에!"

남자가 웃었다. "그럼 8억에 해주세요."

"...네."

11억짜리를 8억에. 3억 손해. 하지만 괜찮았다. 팔기만 하면.

계약의 지옥 – 3일

"내일 계약금 가져올게요."

"얼마요?"

"5백만 원이요."

"네? 11억 아파트에 5백?"

"요즘 다 그래요. 제가 사주는 것만 해도 감사하셔야죠."

울컥했다. 하지만 참았다. "...알겠습니다."

첫날밤

집에 와서 피앙세님께 말했다.

"사겠다는 사람이 나타났어요!"

"정말요? 다행이다!"

"근데... 내일 계약금 가져온대요."

"그럼 팔리는 거네요!"

나는 대답하지 못했다. ‘정말 올까?’
밤새 잠을 못 잤다. 시계만 쳐다봤다. 2시, 3시, 4시, 5시…

둘째 날
아침 10시. 전화가 왔다.
“죄송한데요, 은행 일이 늦어져서… 하루만 더 기다려주세요.”
가슴이 철렁했다. “아, 네… 괜찮아요.”
전화를 끊고 주저앉았다. ‘이러다 안 되는 거 아닌가.’
하루 종일 일이 손에 안 잡혔다. 휴대폰만 쳐다봤다.
밤에도 잠이 안 왔다. ‘내일… 내일 정말 올까.’

셋째 날
부동산에 1시간 먼저 도착했다. 앉아서 문만 쳐다봤다.
10시. 약속 시간. 남자가 안 왔다.
10시 10분. 없다.
10시 20분. 휴대폰 확인. 전화 없다.
10시 30분. ‘역시… 안 되는구나…’
10시 35분. 문이 열렸다.
남자가 들어왔다. “늦어서 죄송해요.”
벌떡 일어났다. “아니에요! 괜찮아요!”
계약금 5천만 원. 계약서를 교환하고
한숨을 돌릴 수가 있었다.

3일의 전쟁

계약금부터 잔금까지, 3일.

매일 불안했다. '혹시 마음이 바뀌면 어떡하지.'

돈은 받았지만 그 3일은 3년의 시간처럼 길었다.

2일째, 남자가 전화했다. "사장님, 가격 좀 깎아주실 수 있어요?"

"네? 계약했잖아요."

"아, 농담이에요. 하하."

전화를 끊고도 밤새 잠을 못 잤다.

잔금일 – 자유

2008년 12월 30일. 잔금을 받았다.

8억에서 계약금 5천 뺀 7억 5천. 이 돈으로 대출 7억 7천을 갚았다. 부족한 돈은 회사 자금에서 보탰다.

11억짜리 아파트가 거의 0원이 되었다.

하지만 웃었다. 자유였다. 첫 번째 아파트, 매달 450만 원 이자, 그 굴레에서 벗어났다.

두 번째도 마찬가지였다.

똑같은 과정을 반복했다. 매수자를 만나고, 긴장하고, 계약하고, 불안해하고, 잔금 받고.

두 번째 아파트 6억 5천에서 5억에 매도.

최종 손실

2년 동안 이자로 낸 돈 약 2억.

아파트 손실 약 4억 5천.

회사 운영자금 충당 약 5천.

합계 약 7억.
노동으로 번 돈, 10년 넘게 모은 돈, 마라톤을 뛰며 버틴 것처럼 악착같이 모은 돈. 7억.
사라졌다.

자유의 맛
마지막 아파트 잔금을 치른 날. 2008년 12월 30일.
부동산에서 나왔다. 거리를 걸었다. 가벼웠다.
12억 빚, 없어졌다.
월 800만 원 이자, 없어졌다.
매일 아침 시세 확인, 안 해도 됐다.
매일 저녁 부동산 순례, 안 해도 됐다.
밤마다 계산기 두드리기, 안 해도 됐다.
7억을 잃었는데, 자유로웠다.

선택의 순간
그동안 나의 얼굴엔 수심이 가득했다. 피앙세님이 말했다.
"아파트로 빚으로 도박같은 사람하고는 살 수가 없어요."
아파트를 처분하지 않으면 헤어지자고..

나의 무모함을 꾸짖으며 처분하지 않으면 헤어지겠다는 말. 그 말을 듣고 있었기에 나는 돈보다 사람을 선택했다.

돈은 다음에도 벌 수 있지만 사람은 헤어지면 다시 만날 수가 없기에, 나는 아파트를 팔지 않고 기다릴 수도 있었지만 사람을 선택했다.
수심에 가득 찬 나의 얼굴을 보고 이야기했던 그 선택이 나의 최고의 선택이었다. 한 사람을 놓치지 않은 최고의 선택이었다.

그날 밤
피앙세님이 물었다.
"다 끝났어요?"
"네."
"...얼마나 손해 봤어요?"
"7억쯤요."
침묵.
피앙세님이 말했다.
"7억은 잃었지만,
우리는 새로 시작 할 수 있어요.
걱정하지 마세요.
다시 시작 할 수 있어요.
우리는 아직 젊잖아요."

눈물이 났다.
침대에 누웠다. 2년 만에 제대로 잠이 왔다. 깊은 잠. 꿈같은 잠을 잘 수 있었다.

7억의 대가로 배운 것
욕심이란 무엇인가. 2억이 올랐을 때 멈출 수 있었다. 하지만 더 원했다. 10억, 20억. 끝이 없었다.
욕망이란 무엇인가. 채워질수록 더 커졌다. 만족이 없었다.

돈이란 무엇인가. 노동 없이 번 돈은 공허했다. 땀 흘리지 않고 생긴 돈은 불안했다.

레밍의 딜레마처럼 모두가 절벽으로 달릴 때, 나도 달렸다. 시류에 편승했다. 앞사람만 따라갔다. 절벽이 어디 있는지 보지 못했다.
자유가 무엇인가. 많이 가진다고 자유로운 것이 아니었다.

오히려 많이 가질수록 불안했다. 진짜 자유는 내려놓는 것, 비우는 것이었다.
나만의 진짜 자유를 얻고 싶었다.
진짜 나의 자유를 찾고 싶었다.

룸부아로 – 자유를 찾아서
며칠 후, 결정했다. 룸부아로 가기로.
왜 룸부아인가. 자유를 찾고 싶었다. 진짜 자유를.
아파트 2채를 가졌을 때는 자유롭지 못했다. 시세의 노예, 은행의 노예,
불안의 노예였다.

7억을 잃고 난 지금, 자유로웠다. 이 자유를 확인하고 싶었다.
긴장의 시간을 벗어나고 싶었다. 2년 동안의 그 긴장에서,
매일 아침 시세 확인의 긴장에서,
매달 이자 걱정의 긴장에서,

매수자 기다림의 긴장에서.

멀리 가고 싶었다. 아주 멀리. 룸부아. 아프리카. 별이 쏟아지는 곳. 시세도 없고, 대출도 없고, 부동산도 없는 곳. 벗어나고 싶었다.

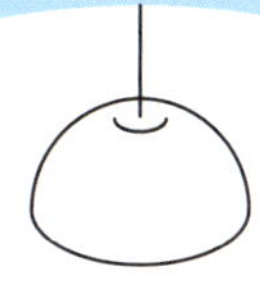

만남.18장

아프리카 룸부아
별빛 아래서 만난 길

아프리카 룸부아, 별빛 아래서 만난 길

2012년 9월, 이메일 한 통

아파트를 모두 팔고 난 후, 나는 자유를 찾고 싶었다. 진짜 자유를. 7억을 잃었지만 긴장에서 벗어난 그 평안을 확인하고 싶었다.

2012년 9월 어느 날, 컴퓨터 화면을 켰다. 이메일 한 통이 와 있었다. 케냐 룸부아 선교사님이었다. 제목도 없었다. 그냥 본문 한 줄.
"룸부아에 고등학교가 필요합니다."

떨리는 손

손이 떨렸다. 왜 이 시기에 나에게 이런 이메일이 왔을까. 7억을 잃고 자유를 얻은 지 얼마 되지 않았다. 송도 아파트의 긴장에서 벗어난 지 얼마 되지 않았다. 그런데 이 이메일...
기도하는 마음으로 며칠을 생각했다. 생각한 끝에 결심을 하게 되었다.
'이건 나에게 다가온 작은 선물 같은 일이구나.'
'내가 해야 할 일이다.' 확신이었다.

비행기 안에서

며칠 후, 나는 아프리카행 비행기에 앉아 있었다. 창밖을 보며 생각했다.
'내가 지금 뭘 하고 있는 거지.'

웃음이 났다. 정신병원에서 "죽고 싶다"고 울부짖던 나, 마라톤 32km 지점에서 포기하고 싶었던 나, 아파트로 7억을 잃은 나, 그 내가 지금 아프리카에 학교를 지으러 간다.

'하나님, 당신은 대체 저를 어디로 이끄시는 겁니까.'

난기류

비행기가 흔들렸다. 난기류였다. 괜찮았다. 인생이라는 비행기는 늘 흔들렸으니까. 15살에 서울행 기차를 탔을 때도 흔들렸다. 정신병원에서 죽음의 문턱에 섰을 때도 흔들렸다. 마라톤 38km 지점에서도 흔들렸다. 송도 아파트가 폭락할 때도 흔들렸다.

하지만 나는 계속 나아갔다. 지금도 그렇다.

나이로비, 자본주의의 얼굴

나이로비 공항에 도착했다. 후텁지근한 공기가 온몸을 감쌌다. 낯선 언어, 낯선 얼굴, 낯선 냄새.

그런데 이상했다. 낯설지 않았다.

15살 서울역에 도착했을 때도 이랬다. 모든 게 낯설었지만, 돌아갈 곳은 없었다. 그냥 앞으로 나아갈 수밖에 없었다. 지금도 그랬다.

극명한 대비

택시를 탔다. 룸부아까지 가자고 했다. 30분이면 통과할 거리를 한 시간 반이 넘게 걸렸다. 차들이 꽉 막혀 있었다. 빌딩이 즐비하고, 사람들은 바쁘게 걸었고, 광고판이 요란했다.

'여기도 서울이구나.' 아니, 서울보다 더 혼란스러웠다.

차창 밖으로 보이는 풍경은 극명하게 대비되었다. 유리로 지어진 고층 빌딩 옆에 판자촌이 붙어 있었다. 최신형 벤츠 옆에 맨발의 아이가 구걸하고 있었다.

'자본주의가 이렇게 잔인한 거구나.'

송도 센트럴파크가 떠올랐다. 72평 아파트에 살던 사람들과, 동자동 1평도 안 되는 방에서 사는 사람들. 극명한 대비. 나는 그 사이 어딘가에 있었다.

룸부아도 그럴까. 아니기를 바랐다.

룸부아에 도착하다

몇 시간을 달려 마침내 룸부아에 도착했다.

나이로비와는 완전히 달랐다. 빌딩도, 자동차도, 광고판도 없었다.

그냥 땅과 하늘과 사람만 있었다.

"어서 오세요!" 선교사님이 웃으며 맞아주셨다. 마을 사람들도 나왔다. 악수를 청했다. 환영한다고 했다.

'고맙습니다.' 목이 메었다.

환영

이 사람들은 나를 모른다. 내가 누군지, 어디서 왔는지, 무엇을 하는 사람인지. 7억을 잃은 사람인지도, 송도 아파트로 망한 사람인지도 모른다. 그런데 환영하고 있었다.

첫날밤, 전기가 들어오다

첫날밤은 축제였다. 룸부아에 처음으로 전기가 들어오는 날이었다. 월드비전이 지어준 기숙사 개관식도 있었고, 내일 중학교 착공식도 예정되어 있었다.

사람들이 모여들었다. 노래를 불렀다. 춤을 췄다. "같이 춤춰요!" 누군가 내 손을 잡았다. 거절할 수 없었다. 나도 춤을 췄다. 어설프게, 서툴게, 그래도 웃으며.

신축리의 기억

'신축리도 이랬지.' 어린 시절, 마을에 처음 전기가 들어왔을 때, 온 동네 사람들이 모여 신기해하며 떠들썩했던 그날. 어머니가 환하게 웃으시며 "이제 세상이 다 달라지겠네" 하시던 모습. 그때의 우리와 지금의 이들이 겹쳐 보였다.

별이 쏟아지는 밤

해가 졌다. 그리고 숨이 멎었다. 하늘 전체가 별이었다.

신축리에서 본 은하수도, 정신병원 창문 너머 본 별들도, 마라톤 하던 날 본 하늘도, 이정도는 아니었다. 쏟아진다는 말로도 부족했다. 하늘이 살아있었다. 별들이 숨 쉬고 있었다.

반짝이고 있었다. 나를 보고 있었다.

송도 센트럴파크 72평 창문으로 본 하늘과는 달랐다. 그때는 아파트 값 걱정에 별을 볼 여유가 없었다. 지금은? 7억을 잃었기에, 별을 볼 수 있었다.

하나님...

나는 그 아래 서서, 한참을 하늘만 바라봤다. 입이 떨어지지 않았다. 그냥 눈물이 났다.

"하나님..." 그 말밖에 나오지 않았다.

정신병원 침대에서 천장을 바라보며 울부짖었던 날들이 떠올랐다. "왜 저에게 이런 고통을 주십니까. 왜 제 아내를 데려가셨습니까. 왜 저는 이렇게 외로워야 합니까."

그때 하나님은 대답하지 않으셨다. 그냥 침묵이었다.

아파트로 7억을 잃을 때도 울부짖었다. "왜 제가 이렇게 망해야 합니까. 왜 노동으로 번 돈을 이렇게 잃어야 합니까.”
그때도 하나님은 침묵하셨다.

깨달음

그런데 지금, 이 별빛 아래 서 있는 나는 알 것 같았다.
‘아… 나를 여기까지 오게 하시려고…’
하나님은 대답하지 않으신 게 아니었다.

지금 이 순간을 위해, 침묵하고 계셨던 것이었다.
7억을 잃게 하신 것도, 자유를 얻게 하신 것도, 모두 나를 이곳으로 이끌기 위해서였다.

나는 그 별빛 아래 무릎을 꿇는 마음으로 한참을 생각에 잠겼다.
아무 말도 하지 않았다. 그냥 별들과 함께 숨을 쉬었다.

테이프를 끊다

다음 날 아침, 중학교 착공식이었다. 나보고 테이프를 끊으라고 했다.
“제가요?”
“네, 당신이 해주세요.”
커다란 가위를 받아 들었다. 손이 떨렸다. 빨간 테이프 앞에 섰다. 사람들이 박수를 쳤다. 환호했다.
‘내가… 정말 이런 일을 하게 되다니.’

기적 같은 순간

정신병원에서 죽고 싶어 했던 내가, 마라톤 32km 지점에서 포기하고 싶었던 내가, 아파트로 7억을 잃은 내가, 지금 아프리카 한복판에서 학교 착공식 테이프를 끊고 있다.
가위를 들었다. 테이프에 날을 댔다.
'사각.'
테이프가 끊어졌다. 사람들이 환호했다. 박수가 터졌다. 아이들이 뛰어올랐다.

기도
그 순간, 나는 기도했다.
'하나님, 이 학교가 단순히 건물이 아니게 해주세요.'
눈을 감았다.
'이 아이들이 이곳에서 배우고, 꿈꾸고, 자라나게 해주세요.'
눈물이 났다.
'잘못된 관습을 깨우고, 남자도 여자도 모두 동등하게 배울 수 있게 해주세요.'
목이 메었다.
'그리고... 저처럼 고통받는 사람이 없게 해주세요.'
눈을 떴다. 아이들이 웃고 있었다.

아이들의 눈
마사이족 아이들을 봤다. 때 묻지 않은 맑은 눈동자, 해맑은 웃음, 순수함 그 자체였다.
한 아이가 내게 다가왔다. 손을 내밀었다. 나는 그 손을 잡았다. 작고 거친 손이었다. 하지만 따뜻했다. 아이가 웃었다. 나도 웃었다.
'내가 잃어버린 게 이거구나.'

비교하며 살았던 나

언제부턴가 나는 남과 비교하며 살았다. 더 많이 벌어야 하고, 더 성공해야 하고, 더 인정받아야 한다고 생각했다. 송도 아파트 2채를 샀을 때도 그랬다. 부동산 직원들이 부러워하는 눈빛, 그것이 좋았다.

그러다 모든 걸 잃었을 때, 나는 완전히 무너졌다.

아내를 잃고, 건강을 잃고, 사업을 잃고, 나 자신마저 잃었다. 47kg으로 뼈만 남았을 때, 나는 "죽고 싶다"고 울부짖었다.

그런데 이 아이들을 보니 알겠다. '행복은 가진 것에 있는 게 아니구나.'

웃는 아이들

그들은 가진 게 없었다. 제대로 된 집도, 깨끗한 물도, 충분한 음식도 없었다. 그런데 웃고 있었다. 뛰어놀고 있었다. 살아있었다.

그런데... 그 웃는 얼굴에, 파리가 스무 마리 앉아 있었다. 눈가에, 코에, 입가에. 아이는 쫓지 않았다. 익숙한 듯, 그냥 웃고 있었다.

나는 얼어붙었다. '이건...' 순수함이 아니었다. 무지함이었다. 아니, 무지함조차 아니었다. 그냥 어쩔 수 없는 현실이었다.

그날 밤

나는 혼자 울었다.

'정신병원에서 울부짖던 나보다, 송도 아파트로 7억을 잃은 나보다, 이 아이가 더 고통받고 있구나.'

7억을 잃은 것이 아깝지 않았다. 이 아이들을 보니, 7억은 숫자에 불과했다. 이 아이들의 현실 앞에서, 내 고통은 사치였다.

현실의 무게

룸부아에서 일주일을 보냈다. 아이들과 놀았다. 마을 사람들과 밥을 먹었다. 학교 터를 돌아봤다.

그러면서 알게 되었다. 1년에 비가 일주일도 오지 않는다는 것, 물이 부족해서 하루 종일 걸어서 물을 길어 와야 한다는 것, 식량이 부족해서 하루 한 끼도 제대로 못 먹는 날이 많다는 것, 여성들은 소나 염소처럼 거래된다는 것, 할례라는 끔찍한 관습이 아직도 이어진다는 것.

가슴이 무거웠다. '어떻게 해야 하지. 무엇을 해야 하지.'

돈을 주는 것만으로는 해결되지 않았다. 7억을 여기 가져온다 해도, 일시적인 도움은 일시적인 효과만 낼 뿐이었다.

교육만이 답이다

어느 날 저녁, 선교사님과 이야기를 나눴다.

"어떻게 하면 이 아이들을 도울 수 있을까요?"

선교사님이 잠시 생각하시더니 말씀하셨다.

"교육입니다. 교육만이 답입니다."

"교육..."

"배워야 합니다. 읽고, 쓰고, 계산하고, 생각하는 법을 배워야 합니다.

그래야 스스로 일어설 수 있습니다."

나는 고개를 끄덕였다. 맞았다.

나도 배웠다

나도 배워야 했다. 혼자 공부해서 고등학교에 합격했다. 웃음을 배웠다. 영성을 배웠다. 나 자신을 배웠다. 마라톤을 할 때도 배워야 했다. 페이스를 배웠다. 호흡을 배웠다. 포기하지 않는 법을 배웠다.

송도 아파트로 7억을 잃었을 때도 배웠다. 욕심이 무엇인지, 욕망이 무엇인지, 자유가 무엇인지 배웠다.

배움이 나를 일으켜 세웠다. 이 아이들도 그럴 것이다.

존중하며

"하지만..." 선교사님이 덧붙이셨다.

"우리 식 교육을 그대로 이식해서는 안 됩니다. 그들의 문화를 존중하면서, 그들에게 맞는 교육을 해야 합니다."

나는 깊이 공감했다.

별빛 기도

마지막 밤, 나는 다시 별들 아래 섰다. 여전히 숨이 멎을 만큼 아름다웠다. 별들은 아무 말이 없었다. 그냥 반짝이고 있었다.

나는 무릎을 꿇었다.

"하나님..." 눈물이 났다. "천국이 있다면..." 목이 메었다. "이 배고픔에 굶어 죽어가는 아이들이 가장 먼저 가야 합니다."

울었다

"파리가 얼굴에 스무 마리씩 앉아도 쫓을 줄 모르는 이 아이들이, 가장 먼저 천국에 가야 합니다."
주먹을 쥐었다.
"제발… 이 아이들을 지켜주세요."

침묵의 의미
한참을 울었다. 별들은 여전히 아무 말이 없었다. 하지만 괜찮았다.
나는 이제 알았다. 침묵이 외면이 아니라는 것을, 기다림이 방치가 아니라는 것을, 하나님은 지금도 일하고 계신다는 것을.

대한민국행 비행기
룸부아를 떠나는 날, 아이들이 손을 흔들었다.
"안녕히 가세요!"
"다시 와요!"
나도 손을 흔들었다. 눈물이 났다.
비행기에 올랐다. 창밖을 봤다. 작아지는 룸부아. 저 아래 어딘가에, 학교가 지어질 것이다. 아이들이 배울 것이다. 꿈꿀 것이다. 자랄 것이다. 그리고 언젠가, 스스로 일어설 것이다.

모든 게 우연이 아니었다.
'기다림'이 있었고, '멈춤'이 있었고, 그 끝에 '부활'이 있었다.

나사로의 이야기
나사로가 죽었을 때, 예수님은 기다리라고 하셨다. 마리아는 울부짖었다.
"주님이 여기 계셨더라면 내 오라버니가 죽지 않았을 것입니다!"

하지만 예수님은 침묵하셨다. 사흘을 기다리게 하셨다.
그리고 사흘 후, "나사로야, 나오너라!" 부활이었다.

나의 부활

나의 삶도 그랬다. 죽음 같은 시간들이 있었다. 기다려야 했다.
견뎌야 했다. 침묵 속에서 울부짖어야 했다.
그런데 그 끝에는 항상 부활이 있었다.
정신병원에서 일어났고, 마라톤 결승선을 통과했고, 송도 아파트에서 자유를 얻었고, 그리고 지금, 룸부아에 학교를 세우고 있다.
이것이 부활이다.

희망의 씨앗

인천공항에 도착했다. 익숙한 풍경, 익숙한 언어, 익숙한 얼굴들. 그런데 이상했다. 모든 게 달라 보였다.
'이렇게 축복받은 곳에 살고 있었구나.'
화장실에 깨끗한 물이 나오고, 편의점에 음식이 넘치고, 병원이 곳곳에 있고, 학교가 모든 아이들에게 열려 있는 곳. 당연한 게 하나도 없었다.
집에 도착했다.

그 후

룸부아 학교는 1년 후 또 다른 분의 후원으로 더 새롭게 진행되고 있다.
사진이 왔다. 아이들이 교실에 앉아 있는 모습, 책을 읽는 모습.
나는 그 사진을 보며 생각했다.

'내 고통이 헛되지 않았구나.'
정신병원에서 울부짖던 그 시간들이, 마라톤 38km 지점에서 포기하고 싶었던 그 순간이, 송도 아파트로 7억을 잃었던 그 절망이, 헛되지 않았다.
모두 이 순간을 위한 것이었다.

지금도
나는 가끔 룸부아를 떠올린다. 별빛을, 아이들의 눈동자를, 파리가 앉은 얼굴을, 웃음을.
그리고 생각한다. '내가 무엇을 더 할 수 있을까.'
아직 답은 모른다. 하지만 분명한 건, 나는 계속 나아갈 것이라는 것이다.

한 발 한 발, 내 페이스로, 내 호흡으로.
마라톤을 완주했듯이, 정신병원에서 살아났듯이, 송도 아파트 폭락에서 자유를 얻었듯이, 나는 계속 나아갈 것이다.
왜냐하면 나는 이미 알기 때문이다. 포기하지 않으면, 반드시 도착한다는 것을.

별들은 지금도
룸부아의 별들은 지금도 빛나고 있다. 그 별빛 아래, 학교가 서 있고, 아이들이 배우고 있고, 꿈이 자라고 있다.
나는 안다. 내 고통이 헛되지 않았다는 것을, 내 눈물이 누군가의 별이 되었다는 것을, 내 절망이 누군가의 희망이 되었다는 것을.

송도 아파트로 잃은 7억도 헛되지 않았다. 그 7억이 나를 자유롭게 했고, 그 자유가 나를 룸부아로 이끌었다.

이것이 부활이다

47kg으로 죽음 앞에 섰던 그 남자가, 지금 아프리카 아이들의 학교를 세웠다. 정신병원 침대에서 "죽고 싶다"고 울부짖던 그 남자가, 송도 아파트로 7억을 잃은 그 남자가, 지금 아프리카 아이들에게 희망을 선물하고 있다.

이것이 부활이다. 이것이 희망이다. 이것이 나의 이야기다.

아직 끝나지 않았다

그리고 이 이야기는 아직 끝나지 않았다. 룸부아 아이들은 자라고 있고, 학교는 서 있고, 별들은 여전히 빛나고 있다.

언젠가 그 아이들도 알게 될 것이다. 자신들이 혼자가 아니라는 것을, 누군가 자신들을 위해 기도했다는 것을, 누군가 자신들을 위해 울었다는 것을,

그리고 그 누군가도, 한때는 절망 속에 있었다는 것을,

그리고 그들도 그렇게 할 수 있다는 것을.

새벽에

나는 지금도 새벽에 일어난다. 조깅을 한다. 하늘을 본다. 룸부아의 별들을 떠올린다. 그리고 걷는다. 한 발 한 발.

인생은 지금부터다. 당신의 인생도, 나의 인생도, 룸부아 아이들의 인생도, 모두 지금부터다.

수백만 년 전의 빛

별빛은 수백만 년 전의 빛이지만, 지금 내 눈앞에서 반짝이고 있다. 나의 고통도 그렇다. 과거의 고통이지만, 지금 누군가에게 희망이 되고 있다.

송도 아파트로 잃은 7억도 그렇다. 과거의 손실이지만, 지금 룸부아 아이들에게 희망이 되고 싶다.

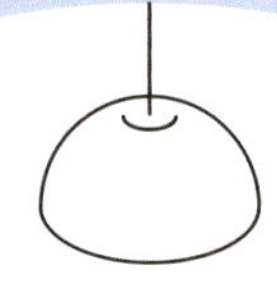

만남.19장

법륜스님과 함께한 통일의 길

법륜스님과 함께한 통일의 길

평범한 시민이었던 나

나는 평범한 시민이었다. 회사에 출근하고, 아이들과 시간을 보내고, 그렇게 살았다. 통일? 생각해본 적 없었다.

북한? 관심도 없었다. 그냥 먼 나라 이야기였다.

평화재단 리더십아카데미

2013년 봄, 우연히 평화재단 평화리더십아카데미 10기 모집 책자를 보게 되었다. 별로 관심은 없었지만, 뭔가 배우고 싶다는 생각에 신청했다.

매주 목요일 저녁 강의가 있었다. 분단의 역사, 북한의 현실, 통일의 필요성... 솔직히 처음엔 와 닿지 않았다.

그저 지식으로만 들어왔다.

법륜스님의 강의 - 두만강의 시신

그러던 어느 날, 법륜스님이 특강을 하셨다.

"여러분은 왜 통일을 해야 한다고 생각하십니까?"

누구도 대답하지 못했다.

"저는 해외에서 구호 활동을 했습니다. 인도, 스리랑카, 캄보디아... 그런데 어느 날, 두만강 변에 섰습니다. 고난의 행군 시기, 우리 동포의 시신이 떠내려오는 걸 봤습니다."

강의실 공기가 얼어붙었다.

"그때 깨달았습니다. 내 동포가, 같은 말을 쓰고 같은 피를 나눈 우리 민족이 저렇게 죽어가고 있구나."

가슴이 쿵 내려앉았다. 룸부아 아이들이 떠올랐다. 그런데 우리 민족도...

한민족, 두 개의 운명

"한민족입니다. 원래 한 나라였습니다.

그런데 지금은 어떻습니까? 한쪽에서는 따뜻한 집에서 밥을 먹고,

한쪽에서는 추위와 배고픔으로 죽어갑니다. 이게 정상입니까?"

아니었다.

15살 서울역 쓰레기통을 뒤지던 내가 떠올랐다. 만약 정동 식당 아주머니를 만나지 못했다면? 나도 얼어 죽었을 것이다. 북한 주민들은? 그들에겐 정동 식당이 없다.

전쟁만은 막아야 합니다.

전쟁이 일어나면, 우리가 이룬 모든 것이 한순간에 사라집니다.

어떤 일이 있어도, 전쟁만은 막아야 합니다.

그 순간, 내 안의 무관심이 무너졌다.

나도 모르게 생각이 들었다. '나도 통일의병이 되어야 하지 않을까.'

"우리 시민들이 의병이 되어야 합니다. 각자의 자리에서, 작은 실천으로, 평화를 만드는 의병이

되어야 합니다."

그 말이 가슴에 박혔다. 정부가 하는 게 아니라,

시민이 하는 거구나.

동북3성 역사 탐방 – 스님의 열정

그해 여름, 동북3성 역사 탐방에 참여했다.

스님과 함께 가는 여행이었다.

새벽 3시에 일어나 하루 종일 다니면 녹초가 되는데, 스님은 어떻게 저렇게 지치지 않으실까. 하나라도 더 알려주려고, 통일의 역사를 더 깊이 알게 하려고, 저녁 10시 이후에도 저녁시간에도 강의하시는 스님을 보며 감동했다.

'아, 이분은 진심이구나. 정말로 우리 민족의 평화를 원하시는구나.'

스님의 그 열정이, 그 진심이, 나를 움직였다.

첫 방문지 일송정. 강 건너편이 북한이었다.

정말 가까웠다. 손만 뻗으면 닿을 것 같았다. 하지만 갈 수 없었다.

함께 노래를 불렀다. 일송정 푸른 솔은... 눈물이 났다. 참을 수 없이 눈물이 흘러내렸다.

백두산 천지 – 완전한 깨달음

백두산 천지 앞에서, 스님이 말씀하셨다.

"여기가 우리 민족의 시작입니다.

그런데 지금은 갈라져 있습니다. 왜일까요? 힘이 없으면 이렇게 됩니다.

나라가 쪼개집니다. 민족이 갈라집니다. 가족이 헤어집니다."

그 순간, 완전히 깨달았다.
15살에 가족과 헤어진 나. 그런데 이산가족들은? 70년째 만나지 못하고 있다.
나는 다시 만났다. 그런데 그들은? 평생 만나지 못하고 죽는다.

북한 주민들은 지금 이 순간에도 배고프고 춥다.
두만강에 시신으로 떠내려간다.

이건 아니다. 같은 민족이 이렇게 살면 안 된다. 전쟁이 일어나면 안 된다.
우리가 뭔가 해야 한다. 내가 뭔가 해야 한다.

백두산 천지 앞에서, 나는 완전히 눈을 뜨게 되었다.
그리고 결심했다. '안산에서 시민학교를 열자. 시민들에게 이 진실을 알리자.'

스님께서 안산시민회관에서 첫 통일 강연을 하셨다. 2013년 9월이었다.
강연장에 들어섰다. 놀랐다. 600명이 넘는 시민들이 자리를 가득 채우고 있었다.

스님이 다시 그 이야기를 하셨다.
두만강 이야기를, 전쟁은 막아야 한다는 이야기를. 600명의 시민이 함께 듣고 있었다. 고개를 끄덕이는 사람들, 눈물을 닦는 사람들이 보였다.

"우리 안산에서 통일 시민학교를 시작하려 합니다.
함께 하시겠습니까?"
처음에는 조용했지만 박수가 터졌다. 600명의 박수소리가 강연장을 가득 채웠다.

'그래, 이거다. 시민들이 원하고 있어. 시민들도 평화를 원하고 있어.'
안산 통일의병 1기 – 신청자 17명에서 15명이 시민학교에 신청했다.

겨우 17명... 600명이 들었는데... 순간 실망했다.
하지만 곧 생각을 바꿨다. 아니야, 17명이나 되잖아. 안산에 연고도 없던 내가, 17명의 시민을 만났잖아.

첫 개강식 날, 15명이 앉아 있었다. 낯선 얼굴들이었지만, 모두 같은 눈빛을 하고 있었다. 진지한 눈빛. 배우고 싶어 하는 눈빛.
"안산 통일의병 1기 시민학교를 시작하겠습니다."
그때 숙화, 행복 그 외 처음 님을 처음 만나게 되었다.

"의병이 뭔가요?" 한 시민이 물으셨다.
"평범한 백성들이 나라 위기에 일어선 사람들입니다.
임진왜란 때도, 일제강점기 때도 그랬습니다.
우리도 마찬가지입니다. 각자의 자리에서, 작은 실천으로, 평화를 만드는 의병입니다."
15명의 눈빛이 달라졌다.

매주 모여 배우다
매주 목요일 저녁마다 모였다.
분단의 역사를 공부했다. 왜 남북이 갈라졌는지, 얼마나 많은 가족이 헤어졌는지.
북한의 현실을 배웠다. 북한 주민들이 얼마나 배고프고, 얼마나 자유롭지 못한지 이산가족의 아픔을 나눴다. 70년째 만나지 못하는 가족들의 이야기에 눈물을 흘렸다.

평화로운 통일의 방법을 토론했다. 어떻게 하면 전쟁 없이 평화롭게 통일할 수 있는지.

내가 일송정에서 본 것을 이야기했다. 백두산 천지에서 느낀 것을 나눴다. 두만강에서 떠내려온 시신 이야기를 전했다.

시민들이 진지하게 들었다. 고개를 끄덕였다. 눈물을 흘렸다.
15명이 조금씩 하나가 되어갔다.
'이거다. 시민들이 알기만 하면, 함께 할 수 있다. 통일의 필요성을 깨닫기만 하면, 움직일 수 있다.'

15명에서 130명으로
1기가 끝났다. 15명 모두가 수료했다.
"이제 2기를 열어야 합니다. 함께 하시겠습니까?"
"네!" 15명 모두가 대답했다.
함께 전단지를 만들었다. 함께 거리로 나갔다. 손이 시렸다. 목이 쉬었다. 하지만 혼자가 아니었다.
2기에는 30명이 신청했다. 놀라웠다. 두 배가 되었다.
3기에는 29명이 왔다. 계속 늘어났다.

숙화님은 늘 간식을 준비해 오셨다. 행복님은 자료를 정리해주셨다. 그 외 많은 의병님들이 각자의 자리에서 도왔다. 함께 배우고, 함께 성장했다.
왜 이렇게 의병활동을 하게 되었을까.
백두산 천지에서 본 진실 때문이었다. 두만강에 떠내려온 동포 때문이었다. 70년째 만나지 못하는 이산가족 때문이었다.
같은 민족이 이렇게 살아서는 안 된다는 절박함 때문이었다.

전쟁만은 막아야 한다는 사명감 때문이었다.
시민 한 사람 한 사람에게 이 진실을 알리는 것, 그것이 내가 할 수 있는 평화를 위한 실천이었다.

3년이 흘렀다. 1기, 2기, 3기... 10기까지. 안산 통일의병은 130명이 되었다.

전쟁만은 안 된다
2017년 여름, 북미 간 긴장이 고조되었다. 전쟁 위기설이 돌았다.
우리는 거리로 나갔다. 130명의 의병이 모였다. 피켓을 들었다.
전쟁 반대! 평화를 지킵시다!
130명의 목소리가 하나가 되었다.

우리는 작은 존재였다. 하지만 우리는 믿었다. 작은 실천이 모이면, 변화를 만들 수 있다고. 시민의 목소리가 모이면, 전쟁을 막을 수 있다고.

평범한 시민에서 통일의병으로
나는 평범한 시민이었다. 통일에 관심도 없었고, 그저 내 일상을 사는 사람이었다.
하지만 스님의 강연을 듣고, 눈을 떴다. 두만강의 시신을 알게 되었다. 일송정에 서서, 눈물을 흘렸다. 백두산에 올라, 깨달았다.

같은 민족이 갈라져 살면 안 된다는 것을. 전쟁이 일어나면 안 된다는 것을. 시민이 나서야 한다는 것을.

그래서 안산에서 시민학교를 열었다. 매주 모여 통일의 필요성을 나눴다. 평화의 소중함을 배우고 전쟁의 위험성을 공부했다.

안산시민회관 강연, 600명이 들었다. 17명이 신청했다. 15명이 왔다. 그들이 씨앗이 되어, 130명의 숲이 되었다.

인생은 모두 32km 지점을 만나게 된다. 그 곳을 넘느냐 못 넘느냐는 나에 달려 있다. 그것을 넘을 때는 새로운 세계가 보인다. 그것을 넘는 것은 내 자신의 몫이다.

마라톤 100미터에서 42.195km를 완주했던 것처럼.
정신병원 침대에서 일어났던 것처럼. 룸부아 빈터에서 학교에 기여했던 것처럼. 안산 15명에서 시작해 130명이 되었다.
지금도 이야기는 계속되고 있다. 평화로운 통일, 그날까지. 우리는 멈추지 않을 것이다.
한 걸음, 한 걸음.

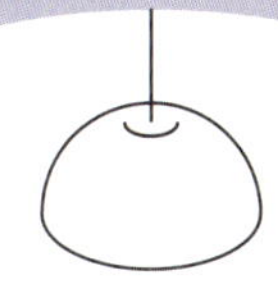

만남. 20장

유니시드와 서울역 동자동에서 만난 사람들

유니시드와 서울역 동자동에서 만난 사람들

새로운 일을 찾아서

안산에서 통일의병 활동을 하면서도, 마음 한구석에는 무언가 더 직접적인 일을 하고 싶다는 생각이 있었다.

깃발을 들고 거리에서 외치는 것도 의미 있었다.
시민학교에서 통일을 가르치는 것도 중요했다.
하지만 뭔가 더...북한 주민들을 직접 만나고, 그들의 이야기를 듣고, 함께 무언가를 하고 싶었다.

통일을 위해 내가 할 수 있는 다른 일은 없을까?
그 질문은 늘 내 마음속에 남아 있었다.

이민교 선교사님과의 만남

2015년 어느 날, 우연히 이민교 선교사님을 알게 되었다.
'복음에 빚진 사람'이라는 책의 저자였다. 북한 선교에 평생을 헌신하신 분이었다. 선교사님의 이야기를 듣다가, 문득 물었다.

"선교사님, 제가 북한 주민들을 위해 할 수 있는 일이 없을까요?"
선교사님이 잠시 생각하시더니 말씀하셨다.

"서울역에서 도시락 나눔을 하시는 분들이 계세요.
북한에서 오신 여성분이 주축이 되어서 하시는 일인데...
한번 만나보시겠어요?"

"네? 북한에서 오신 분이요?"
처음에는 북한 사람을 만난다는 것이 약간은 무서움으로 또 놀라움으로 다가 왔다.

"북한에서 오신 분이 서울역에서 도시락을 나눠요?"
상상이 안 됐다. 북한에서 온 분들은 정착하기도 힘들다고 들었다.
경제적으로도, 심리적으로도 어렵다고 했다.
그런 분들이 오히려 남을 돕는다고?

유니시드, 통일의 씨앗
2015년 9월, 처음 서울역에서 유니시드(통일의 씨앗) 분들을 만났다.
엄에스터 대표님이었다.
북한에서 오신 여성분이었다. 30대 중반쯤 되어 보였다. 조용하고 차분한 분위기였지만, 눈빛은 강했다. 무언가를 해내겠다는 의지가 보였다.

"처음엔 3명이서 시작했어요."
대표님이 말씀하셨다.
"저도 남한에 와서 많은 도움을 받았어요. 교회에서, 시민들에게서, 정부에서... 정말 많은 도움을 받았죠."
"그래서 생각했어요. '나도 이제 돌려줘야 하지 않을까. 나도 누군가를 도울 수 있지 않을까.'"

"그래서 시작했습니다. 서울역 노숙자분들에게 도시락을 나눠드리는 일을요."
놀라웠다.
본인들도 어려운데, 더 어려운 사람들을 돕는다니.

"왜 하세요?"
물었다.
"남한 사람들도 하기 싫어하는 일을 왜 하세요?"
대표님이 잠시 멈칫하시더니, 조용히 대답하셨다.

"남한에 와서 알았어요. 따뜻한 밥 한 끼가, 따뜻한 말 한마디가 얼마나 큰 힘이 되는지. 그래서 저도 그 따뜻함을 나누고 싶어요."

가슴이 뜨거워졌다.
15살 서울역 쓰레기통을 뒤지던 내가 떠올랐다. 정동 식당 아주머니가 건네준 따뜻한 밥 한 끼가 떠올랐다. 그 밥이 나를 살렸다.

"저도 함께하고 싶네요."
그 이후 서로의 마음을 나누며 함께 유니시드 일을 하게 되어 지금은 사단법인을 통일부에 신청해 사단법인 유니씨드가 되었다.

매달 셋째 주 토요일, 서울역
그렇게 시작되었다.
매달 셋째 주 토요일 오후 4시, 서울역.

교회에서 대여해 준 식당을 빌려, 함께 도시락을 만들었다.
북한에서 오신 분들이 주축이 되어, 남한 자원봉사자들과 함께 만들었다.

밥을 짓고, 반찬을 만들고, 도시락에 담았다.
매번 200개의 도시락을 만들어 서울역 노숙자분들에게 나눠드렸다.
처음엔 어색했다.

북한에서 오신 분들과 어떻게 대화해야 할지 몰랐다.
무슨 이야기를 해야 할지, 어떤 말이 실례가 될지 조심스러웠다.

하지만 함께 밥을 짓고, 함께 반찬을 만들고, 함께 도시락을 나누면서, 조금씩 가까워졌다.
같은 말을 쓰고, 같은 음식을 먹고, 같은 노래를 아는 우리였다.
70년 넘게 갈라져 있었지만, 우리는 여전히 한민족이었다.

휴먼북 – 그들의 이야기
도시락을 만들면서, 북한에서 오신 분들의 이야기를 들었다.
휴먼북이라고 했다.
사람이 책이 되어, 자신의 이야기를 들려주는 것이었다.

한 분이 말씀하셨다.
"저는 함경북도에서 왔어요. 90년대 고난의 행군 때... 정말 힘들었어요."
목소리가 떨렸다.
"하루에 한 끼도 못 먹는 날이 많았어요. 풀뿌리를 캐서 죽을 쑤어 먹었어요. 나무껍질도 벗겨

먹었고요."
"형제들이 하나씩 죽어갔어요. 배고파서... 그냥 배고파서..."
눈물이 흘러내렸다. 그분의 눈에서도, 듣고 있던 우리 눈에서도.

다른 분이 말씀하셨다.
"탈북할 때... 두만강을 건넜어요. 겨울이었어요. 강물이 얼어 있었는데, 완전히 얼지는 않았어요."
"발을 디딜 때마다 얼음이 깨질까 봐... 총소리가 들릴까 봐... 심장이 터질 것 같았어요."
"중국에 도착해서도 숨어 살았어요. 언제 붙잡혀 북송될지 모르니까. 3년을 숨어 살다가, 겨우 한국에 왔어요."

또 다른 분이 말씀하셨다.
"저는 중국에서 10년을 살았어요. 불법 체류자로요. 언제 공안에 붙잡힐지 모르는 상황에서... 매일 두려움 속에서 살았어요."
"한국에 오고 싶었어요. 자유롭게 살고 싶었어요. 하지만 어린 딸을 북한에 두고 와서... 마음이 너무 아팠어요."
"지금도 딸 생각을 하면... 눈물이 나요. 엄마가 미안해..."
그분이 울기 시작했다. 함께 있던 모두가 울었다.
왜 우리는 이렇게 살아야 할까.

도시락을 만들면서, 그분들의 이야기를 들으면서, 계속 생각했다.
'왜 우리는 이렇게 살아야 할까.'
같은 민족이다. 같은 나라였다. 같은 말을 쓰고, 같은 문화를 가진 사람들이다.

그런데 누구는 자유롭게 살고, 누구는 숨어 살아야 한다.
누구는 따뜻한 집에서 밥을 먹고, 누구는 풀뿌리를 캐서 먹어야 한다.
누구는 가족과 함께 살고, 누구는 가족을 두고 목숨을 걸고 강을 건너야 한다.

'이건 아니다. 정말 아니다.'
백두산 천지에서 느꼈던 그 절박함이 다시 밀려왔다. 일송정에서 흘렸던 눈물이 다시 떠올랐다.

통일은 평화는 선택이 아니다. 필수다.
평화로운 통일은 먼 미래의 이야기가 아니다. 지금 당장 필요한 일이다.

코로나, 그리고 동자동
2020년, 코로나가 터졌다.
서울역 도시락 나눔이 중단되었다. 사람들이 모일 수 없었다. 노숙자분들에게 도시락을 나눠드릴 수도 없었다.
'어떻게 하지. 이대로 멈춰야 하나.'
막막했다.
그때 엄에스터 대표님이 제안하셨다.
"동자동으로 가요. 동자동 쪽방촌 어르신들께 도시락을 드리면 좋을 것 같아요."

동자동
서울역 근처 쪽방촌이었다. 1평도 안 되는 좁은 방에서 어르신들이 살고 있는 곳이었다.
"후원 단체들의 도움을 받을 수 있을 거예요. 함께해요."
그렇게 동자동 도시락 나눔이 시작되었다.

코로나 상황이라 도시락 대신 과일 도시락으로 바뀌었다. 계절에 맞는 과일들 - 수박, 사과, 오렌지, 딸기, 바나나 등등을 담아 어르신들께 드렸다.

매달 마지막 주 토요일 낮 12시부터 오후 5시까지.

유니시드 회원들과 자원봉사자들이 모여, 함께 과일을 씻고, 도시락에 담고, 어르신들을 찾아뵀다.

동자동에서 본 것
동자동은 충격이었다.
1평도 안 되는 방. 창문도 제대로 없는 방. 화장실도 공동 화장실.
그 좁은 공간에서 어르신들이 살고 계셨다.
"여기서 어떻게 사세요?"
한 어르신께 여쭤봤다.
"뭐, 살만해요. 집세가 싸니까. 한 달에 30만 원이면 되니까."
태연하게 말씀하셨지만, 마음이 아팠다.

30만 원. 그분들에게는 비싸고도 비싼 가격이었다.
하루 벌어 하루 먹고사는 분들에게, 한 달 30만 원은 큰 부담이었다.
"겨울엔 안 추우세요?"
그곳은 춥고도 추운 곳이었다.

돈이 없어 보일러를 틀 수도 없었다. 겨울이 되면 썰렁하고 차가운 냉기가 방 안을 가득 채웠다.

그분들은 이 추운 겨울을 어떻게 이겨낼 수 있을까.

함께 온 북한에서 오신 한 청년이 놀라며 말했다.
"북한에도 이런 곳은 없던 것 같은데..."
맞았다.
지금도 우리 사회에는 춥고 냉기가 흐르는 곳에서, 누군가의 손길을 기다리는 사람들이 너무나도 많았다.

하지만 알았다. 겨울이 되면, 이곳에서 돌아가시는 분들이 계신다는 것을. 추위를 견디지 못하고, 조용히 세상을 떠나신다는 것을.

15살 서울역 환풍구 옆에서 떨던 내가 떠올랐다.
1979년 12월 28일, 그 추운 겨울. 나도 얼어 죽을 뻔했다.

'운이 좋았을 뿐이야. 나도 여기 있을 수 있었어.'

우리들만의 작은 통일
유니시드 활동을 하면서, 깨달았다.
통일은 거창한 것이 아니다.
남한 사람과 북한 사람이 함께 밥을 짓고, 함께 도시락을 만들고, 함께 웃고, 함께 울고, 함께 봉사하는 것.

그것이 통일이다.

정치적 통일, 제도적 통일도 중요하다. 하지만 진짜 통일은 사람과 사람이 만나는 것이다. 마음과 마음이 이어지는 것이다.

엄에스터 대표님과 사업을 구상했다.
휴먼북 사업. 북한에서 오신 분들의 이야기를 더 많은 사람들에게 전하는 것.
인권교육 사업. 북한 인권에 대해 알리고, 함께 고민하는 것.

"언젠가 고향으로 돌아가고 싶어요."
한 분이 말씀하셨다.

"자유롭게요. 자유롭게 고향에 가서, 가족을 만나고, 친구들을 만나고 싶어요."
"그날이 올까요?"
"올 거예요."
대표님이 대답하셨다.
"우리가 이렇게 작은 실천을 계속하면, 언젠가 그날이 올 거예요. 평화로운 통일이 이뤄질 거예요."
"그날 함께 고향에 가요. 함께요."

작은 동그라미, 우리들의 그림
지금도 우리는 계속하고 있다.

매달 마지막 주 토요일, 낮 12시부터 오후 5시까지
지금도 계속 진행하고 있다.

동자동 쪽방촌 어르신들께 과일 도시락을 드린다.

북한에서 오신 분들과 남한 자원봉사자들이 함께 모여, 과일을 씻고, 도시락에 담고, 어르신들을 찾아뵙는다.
작은 일이다.
거창하지 않다.

하지만 이것이 우리들만의 작은 통일이다.

작은 동그라미를 그리듯, 우리는 우리들만의 그림을 그리고 있다.

남과 북이 함께 그리는 그림.
평화를 그리는 그림.
통일을 그리는 그림.
엄에스더 대표님이 말씀하셨다.
"감사해요. 함께해줘서."
"아니에요. 제가 감사하죠. 저도 배워요. 대표님과 함께하면서."
"우리 계속 함께해요. 평화로운 통일, 그날까지."
"네. 함께요."

통일은 사람이다

안산에서 통일의병 활동을 했다.

시민들에게 통일의 필요성을 알렸다. 15명에서 시작해서 130명이 되었다.

유니시드 활동을 했다. 북한에서 오신 분들과 함께 도시락을 만들고, 봉사를 하고, 이야기를 나눴다.

두 활동은 달랐지만, 본질은 같았다.

통일은 정부가 하는 것이 아니다.

통일은 시민이 만드는 것이다.

통일은 제도가 아니다.

통일은 사람이다.

사람과 사람이 만나고, 마음과 마음이 이어지고, 함께 밥을 먹고, 함께 웃고, 함께 우는 것.

그것이 진짜 통일이다.

백두산 천지에서 깨달았던 것.

일송정에서 느껴던 시간.

두만강에서 떠내려온 동포의 시신.

70년째 만나지 못하는 이산가족.

그 모든 아픔을 끝내는 길은, 결국 우리가 함께 걷는 것이다.

작은 걸음이지만, 멈추지 않고 걷는 것이다.

지금도 우리는 걷고 있다.

안산에서, 동자동에서, 서울역에서.

함께 걷는 길
서울역 쓰레기통을 뒤지던 15살 소년이었던 내가, 이제 북한에서 오신 분들과 함께 도시락을 만들고 있다.

엄에스터 대표님이 말씀하셨다.
"처음엔 3명이었어요. 지금은 훨씬 많은 분들이 함께하고 있어요. 남한 사람도, 북한에서 온 사람도, 함께요."
맞았다.
우리는 함께 걷고 있다.
남과 북이, 할 수 있는 사람과 도움이 필요한 사람이, 시민과 시민이, 함께 걷고 있다.

평화로운 통일, 그날까지.
한 걸음, 한 걸음 걸어갈 것이다.

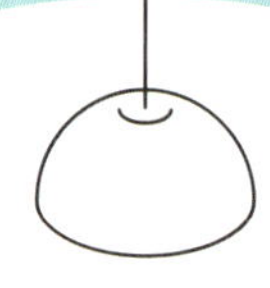

만남. 21장

식당을 하며 얻는 교훈

식당을 하며 얻는 교훈

어릴 때부터 꿈꾸던 식당

어릴 때부터 식당을 하고 싶었다.

정동 식당 아주머니가 "집에 가라"며 밥을 주시던 그 따뜻함. 신죽리 어머니가 부침개를 부치며 온 동네를 먹이시던 그 모습. 룸부아에서 함께 부침개를 부치던 그 순간.

밥으로 사람을 만나고 싶었다.

왜인지는 몰랐다. 그냥 가슴 한구석에 언제나 작은 불씨 하나가 고요히 타오르고 있었다.

하지만 그건 꿈일 뿐이었다. 15살 서울역에서는 그냥 살아남는 게 전부였다. 세월이 흘렀다. 회사를 다니고, 사업을 하고, 가정을 꾸렸다.

쉰다섯, 새로운 도전

쉰다섯이 되었을 때, 문득 생각했다.

'이대로 살다 죽으면 후회할 것 같아.'

어릴 때 꿈이 떠올랐다. 식당. 밥으로 사람을 만나고 싶다는 그 꿈. 정동 식당 아주머니처럼, 따뜻한 밥 한 끼로 누군가를 살리고 싶다는 그 꿈.

평택에서 한식뷔페를 운영하는 지인을 만났다. 손님들로 북적이는 활기찬 분위기. 나도 할 수 있을 것 같았다.

"우리 같이 해보면 어떨까요?"

그 한마디가 내 마음속에 잔잔한 울림으로 남았다.

사실 혼자서는 너무나 두려웠다.

55세에 새로운 일을 시작한다는 것이.

하지만 함께라면 할 수 있을 것 같았다.

나는 외부 영업과 마케팅, 손님 응대를 맡았고,

지인은 주방과 내부 운영을 담당했다.

첫 번째 실패 – 동업의 균열

처음에는 정말 좋았다.

손님들이 구름 떼처럼 몰려들었고, 가게 안은 매일같이 북적거렸다. 기뻤다. '내가 하고 싶었던 일을 하고 있구나.'

하지만 시간이 지나면서 균열이 생겼다.

"사장님은 그냥 밖에서 영업만 하세요. 안은 내 일인데 왜 자꾸 참견해요?"

그 별것 없는 한마디가 내 심장을 찔렀다.

나는 애써 넘겼다. 하지만 그런 상황이 반복되면서, 우리 사이에는 어느새 보이지 않는 벽이 쌓이기 시작했다. 가게가 잘 될수록 오히려 갈등은 더 커졌다.

마침내 결정적인 순간이 찾아왔다. 얼굴을 붉히며, 막말로 서로의 감정을 건드렸다. 오랜 시간 함께했던 사람과의 이별은 끝없는 겨울밤과 같았다.

정신병원에서 아내를 잃었을 때의 그 상실감이 떠올랐다.

물론 그때만큼은 아니었지만, 그래도 아팠다. 함께 꿈꾸던 일을 함께 할 수 없게 되었다는 것이.

두 번째 식당 – 돈으로 얼룩진 실패

'이번엔 똑같은 실수를 반복하지 않으리라.'

두 명의 지인과 함께 새로운 식당을 다시 시작했다. 돈을 똑같이 투자하고, 수익도 공평하게 나누기로 약속했다. 정식 계약서도 더 세밀하게 작성했다.

처음 몇 달은 행복했다. 돈은 많이 벌지 못했지만, 마음만큼은 정말 행복했다.

하지만 6개월이 지나고, 하루에 500명이 넘는 손님들이 몰려들기 시작하면서 균열이 생겼다.

나는 거의 모든 일을 도맡아 하게 되었다.

하루 12시간 이상 일했다. 그런데 동업자 두 분은 가게에 거의 나오지 않았다. 가끔 얼굴만 비추고 "잘 돼가요?" 하고 가버리곤 했다.

매출이 엄청 많이 올라왔다. 그때부터 문제가 생겼다. 돈 문제였다.

"제가 매일 나와서 가게 전체를 운영하며 모든 일을 다 하고 있는데, 급여를 좀 더 책정하면 안 될까요?"

대답은 단호했다.

"수익은 계약서대로 3등분 해야지."

그 말에 나는 너무 당황했다. 마음 한 켠이 서늘해졌다.

1%의 나눔

그런 분위기 속에서도 나는 한 가지 제안을 꺼냈다.

"우리 이익금의 1%를 사회에 기부하면 어떨까요?"
동자동의 그분들, 서울역의 노숙자들이 떠올랐다. 나도 그들의 도움으로 살아남았던 사람이었다. 이제 조금이나마 돌려줄 차례였다.
하지만 동업자들의 반응은 차가웠다.

"그런 후원을 왜 해요? 우리도 먹고살기 바쁜데."
"1%라도 돈은 돈이에요. 절대 안 됩니다."
나는 밤마다 설득했다. 우리가 받은 것을 나누는 것의 의미를,
정동 식당 아주머니의 따뜻함을 이야기했다.
한 달이 넘는 설득 끝에, 마침내 그들도 고개를 끄덕였다.
"알겠어요. 한번 해봅시다."

그렇게 시작된 1% 기부. 많은 돈은 아니었지만, 매달 통장에서 빠져나가는 그 금액을 볼 때마다 참 보람되었다.

하지만 급여 문제는 해결되지 않았다.
결국 법률 상담을 받게 되었다.
변호사는 딱 한마디 했다.
"계약서에 없는 건, 법적으로 주장하기 어렵습니다."

심장이 툭 하고 떨어지는 것 같았다. '내가 그동안 피땀 흘려 일한 시간들이... 계약서 한 장 앞에서 아무 의미도 없어져 버렸구나.'
그 계약서는 내가 직접 만든 것이었다.

집으로 돌아오는 길에 괜히 눈물이 났다.

세 번째 시도 – 주방장의 이탈
이번에는 더욱 신중하게 접근했다.
하지만 또다시 예상치 못한 위기가 찾아왔다. 주방장과 홀 매니저가 손님들 앞에서 싸웠다.
주방장이 말하기를,
"저 홀 매니저 내보내지 않으면, 저는 주방장 그만두겠습니다."
다음 날 아침, 주방장은 정말로 나타나지 않았다. 전화도 받지 않고 완전히 잠수를 탔다.

텅 빈 주방에 홀로 서다
요리를 제대로 해본 적도 없는 나는 그날, 완전히 혼자가 되었다.
텅 빈 주방에 서서 어떻게 해야 할지 몰랐다.
앞이 하나도 보이지 않고 캄캄했다. 500명의 손님이 오는데, 주방에 나 혼자 남았다.
'이제 끝인가.'

그 절박했던 순간, 나는 깨달았다. 누구도 나를 대신할 수 없음을.
그날은 정말 두려웠다. 손님들의 말이 내 마음을 깊이 후벼팠다.

"왜 이렇게 짜요?"
"주방장 바뀐 거 아니에요?"
"오늘 음식 정말 별로네요."

하지만 나는 미소로 그저 웃으며 말했다.

"죄송합니다. 더 신경 쓰겠습니다."
그날 밤, 집에 돌아온 나는 너무 지쳐 쓰러지듯 잠이 들었다.
하지만 '그래도 내가 오늘 하루, 식당 문을 닫지 않았구나.' 이 작은 성취감이, 다음 날을 버틸 수 있는 힘이 되어주었다.

새벽 2시, 유튜브를 켰다
그렇게 결심한 다음 날. 남들이 잠든 새벽 2시, 나는 누구보다 먼저 주방으로 나섰다.
텅 비고 낯선 공간. 주방장이 떠나며 함께 사라져 버린 레시피 노트. 더욱 막막했지만, 나는 포기하지 않았다.

처음 하는 일이다 보니 불에 델까 조마조마했고, 양파를 썰 때는 눈물 콧물 다 빠지며 훌쩍였다.
휴대폰으로 유튜브 영상을 틀어놓고 하나씩 따라 해보며 배우기 시작했다.

"너무 짜다"
"싱겁다"
"맵다"는 평가 속에서 나는 수없이 맛을 보고 또 보고, 그렇게 반복하며 나만의 맛을 찾아갔다.

30일, 60일, 90일
30일이 흘렀다.
매일 새벽 2시에 일어나 유튜브를 보고, 실패하고, 다시 만들었다. 손은 베이고, 불에 데었다. 밴드를 붙인 손가락이 열 개 중 일곱 개.
밤마다 자책했다. '쉰다섯에 이게 뭐 하는 짓인가.'
하지만 멈추지 않았다. 한 걸음 한 걸음. 혼자 공부해서 고등학교에 합격했던 것처럼, 100m에서 시작해서 마라톤을 완주했던 것처럼, 정신병원에서 일어났던 것처럼, 나는 계속했다.

60일째, 직원이 조심스럽게 말했다.
"사장님... 요리 실력 많이 늘었어요."
눈시울이 뜨거워졌다. 화장실 거울을 봤다. 쉰다섯 실패자가 아니었다.
60일을 버틴 사람이 있었다.
90일째.
"사장님, 이제 주방장 없어도 되겠는데요?"

그 말에 마라톤이 떠올랐다. 10년 전, 마라톤 32km 지점. 온몸의 근육은 비명을 지르고, 심장은 터질 듯했다. '결국 여기까지인가?'

그때, 길가에서 들려오는 희미한 목소리들. "조금만 더! 한 걸음만 더!"
그 32km 지점이다.
지금도 똑같았다.

주방장이 사라진 날, 나는 양파도 못 썰었다. 하지만 90일 후, 혼자서도 할 수 있게 됐다.
갑작스러운 주방장의 이탈은 내 인생에서 큰 위기였다.

하지만 동시에 내 안에 잠재되어 있던 능력을 발견하게 해준 소중한 기회이기도 했다.

직원들의 변화
처음에는 직원들도 조용히 바라보기만 했다. '과연 사장이 얼마나 버틸까' 하는 의심이 있었을 것이다.

하지만 시간이 흐르면서, 그들의 태도가 조금씩 변하기 시작했다.

"사장님이 직접 요리까지 하시네요."

누구보다 나를 가까이서 지켜보던 직원들이 내 노력을 인정해주기 시작한 순간, 나는 처음으로 진짜 새로 태어나는 기분이 들었다.

밥보다 사람이 더 소중하다는 것

그렇게 나는 알아가고 있었다.

밥보다 사람이 더 소중하다는 것을.

동업자들과의 갈등, 돈으로 얼룩진 계약서, 주방장의 이탈, 모든 것이 힘들었지만 그 과정에서 나는 배웠다.

사람의 마음을 얻는 법을.

정동 식당 아주머니가 나에게 주셨던 그 따뜻함이 무엇이었는지, 이제 조금씩 알아가고 있었다.

쉰다섯에 시작한 한식뷔페. 세 번의 실패. 주방장의 이탈. 90일간의 극복.

모든 것이 쉽지 않았다. 하지만 나는 포기하지 않았다.

15살 서울역에서 살아남았던 것처럼, 정신병원에서 일어났던 것처럼, 마라톤 32km 지점을 넘었던 것처럼, 이번에도 나는 해냈다.

쉰일곱 늦깎이의 앞치마 인생은 이제 막 시작이었다.

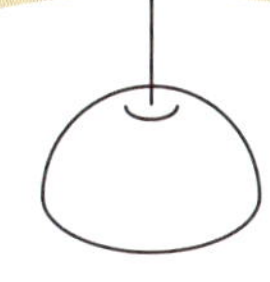

만남. 22장

안식년, 그리고 새로운 시작

안식년, 그리고 새로운 시작

안식년, 그리고 새로운 시작
천천히 걷는 아침
식당 문을 닫았다.
관악산 밑, 작은 집에서 안식년을 보내고 있다.
아침이면 산책을 나간다. 천천히 걷는다. 급할 것이 없다.
새소리가 들린다. 바람이 분다. 나뭇잎이 흔들린다.
'아, 이런 것들이 있었구나.'
쉰다섯부터 60까지, 5년을 새로운 일을 해보았다.
새벽 2시에 일어나 유튜브로 요리를 배우고, 혼자 500명을 받았다. 하루도 쉬지 못했다.

그렇게 달리고 또 달렸다.
내가 왜 달리는지 잊어버렸다.
나는 왜 이렇게 달려왔을까.

2년 전에 코칭을 배우기 시작했다.
우연히 코칭을 배웠다.
"당신 안에 답이 있습니다."
웃음이 나왔다. 내 안에 답이 있다고?

나는 평생 밖에서 답을 찾았다.
내 안에 답이 있다.
내 안에 어떤 답을 찾을까.
코칭을 배우며 많은 물음과 질문을 통해 나를 찾는 법을 배우기 시작했다.

진짜 내가 누구일까.
내가 진짜 잘하는 것이 무엇이고,
내가 해보고 싶은 것은 무엇일까.
물음과 경청과 질문을 통해 나를 찾는 길을 걸어가는 법을 배우며 나만의 길을 걸어가고 있다.

"오늘 어떤 이야기를 나누고 싶으세요?"
"어떤 목표로 이야기를 나누면 될까요?"
"가장 하고 싶은 일은 어떤 일인가요?"

답을 주지 않았다. 질문만 했다.
하지만 계속하다 보니 신기한 일이 일어났다.
내 입에서 답이 나왔다.

나는 한 번도 나의 글을 쓰려고 하지 않았다.
코칭적인 질문과 대답 속에서 나도 모르게 글을 쓰게 되었다.

"당신의 이야기를 나누고 싶지 않으세요?
당신처럼 힘든 사람들을 위해서요."

심장이 멎는 것 같았다.

나의 어릴 적이 떠올랐다.
배고프고 힘들던 나의 어린 시절이 떠올랐다.
그래, 나의 글을 써보는 거야.
진짜 나의 글을.

동자동 쪽방촌 그분들이 떠올랐다. 서울역 지하도 사람들이 보였다.
정신병원 침대에 누워 천장만 바라보던 내가 떠올랐다.
글을 쓰기 시작했다.

15살 겨울, 서울역 쓰레기통을 뒤지던 추위를 썼다.
정동 식당 아주머니의 따뜻한 밥을 썼다.
엄마 이야기를 썼다.
고등학교 합격 이야기를 썼다.
폭삭 망한 이야기를 썼다.
마라톤 32km 지점, 쓰러지고 싶던 그 순간을 썼다.
쓰다 보니 울었다. 쓰다 보니 웃었다. 쓰다 보니 감사했다.
'내가 이 모든 걸 겪었구나. 그리고 살아남았구나.'

조개 속의 진주
책을 쓰면서 알았다.
내 안에 이런 이야기들이 있었다는 것을. 내 안에 이런 힘이 숨어 있었다는 것을.

조개가 들어온 모래알을 품고 아파하며 만들어내는 진주처럼,
내 안의 고통들이 진주로 변하고 있음을 알아차렸다.

이제 하고 싶다.
사람들과 함께 그들 안의 진주를 찾는 일을.

코칭에서 한 분이 말씀하셨다.
“저는 평생 실패만 했어요.”
한참을 이야기하시더니, 그분이 울었다.
“이야기하다 보니... 이게 실패가 아니었네요.
제가 살아온 과정이었네요.”
맞다. 실패가 아니었다. 과정이었다.

나는 작은 군불을 때우는 사람이 되고 싶다.
내가 먼저 아픔을 꺼내고, 내 상처를 보여주고,
내가 먼저 울면, 상대방도 마음을 연다.
“저도 그랬어요.”
“저도 아팠어요.”
“저도 혼자였어요.”
그렇게 함께 운다. 함께 웃는다. 함께 일어선다.
60년을 살아오면서 깨달았다.

나는 단 한 번도 혼자가 아니었다.

수많은 사람들의 도움으로, 작은 손길로, 따뜻한 말 한 마디로, 나는 살아남았다.

이제는 내가 그 손길을 내밀 차례다.
이제는 내가 누군가에게 조금이나마 기여할 차례다.
코칭을 배우며 사람들 안의 진주를 찾는 일.

내 이야기를 나누며 누군가의 아픔을 위로하는 일.
작은 일들이다. 거창하지 않다.
하지만 이것이 기여하는 삶이다.
안으로 스며들어 가고 싶다.
평생 밖을 향해 달렸다.
작은 군불을 때우듯, 조용히, 따뜻하게, 누군가의 마음에 온기를 전하고 싶다.

60년의 준비를 위해 하나님은 기다려 주셨다.
나는 지금 61세를 앞두고 있다.
내 안에 새로운 만남이 이루어지고 있다.

하나님은 그 만남을 연결하고 계신다.
또 그 만남이 지금 이루어지고 있다.
유니시드 가족과 함께 나눔과 봉사를 통해 남북의 평화를 배우고
기청의 선생님을 통해 사회의 약자의 아픔을 배우고,
전코아 6기 위원님과 함께 코칭을 배우며,
빛과 생명교회를 통해 지역과 함께 사는 법을 배우며,

율목 CBMC 회원과 함께 지역의 아픔을 배우며,
작은 일을 하는 사람으로 살아가는 일을 배우고 있다.
이제 진짜 내가 해야 할 일을 배우며 살아가고자 한다.

지금, 나는 새로운 스타트 라인에 서 있다.

61세의 스타트 라인
15살 서울역에 섰을 때와는 다른 스타트 라인이다.
그때는 살아남기 위해 섰다. 지금은 기여하기 위해 선다.
그때는 받기 위해 섰다. 지금은 함께 서기 위해 선다.
그때는 혼자였다. 지금은 함께다.

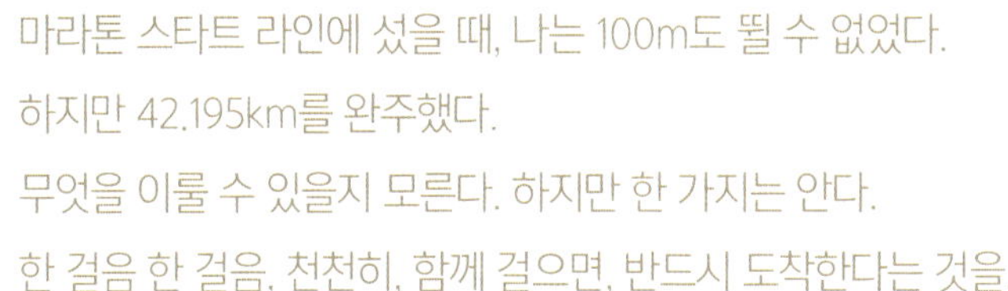

마라톤 스타트 라인에 섰을 때, 나는 100m도 뛸 수 없었다.
하지만 42.195km를 완주했다.
무엇을 이룰 수 있을지 모른다. 하지만 한 가지는 안다.
한 걸음 한 걸음, 천천히, 함께 걸으면, 반드시 도착한다는 것을.

저, 61세, 새로운 스타트 라인에서
함께 그 길을 가는 라인에 서 있다.
관악산 아래서 당신을 기다립니다.

펴낸 날 2026년 1월 30일
펴낸 이 백승수 010-6889-0363, e-mail : bss1648@empas.com
펴낸 곳 도서출판 다니엘123
서울특별시 중구 퇴계로 31길 3, 203호
전화 02-2265-1898 e-mail : hyunco431@naver.com

ISBN 978-89-97788-70-5

정가 15,000